斎藤一
京都新選組
四番隊組頭

伊東成郎

河出書房新社

斎藤一　京都新選組四番隊組頭

◉

目次

Ⅰ　新選組前夜　9

家と生い立ち
日常はいかにも武士らしい振舞いで…
どんな場合でも正座をしていた――　9

試衛場道場
稽古終わって稽古人集まり、種々議論、
国事を愁える。その連中…斎藤一――　13

江戸出奔
山口一は十九歳の時、小石川関口に於て
旗本の士を殺し…京都に…至り――　21

浪士組
尽忠報国の志を元とし、
公正無二、身体強健、気力荘厳の者――　24

Ⅱ　壬生狼疾駆　30

合流そして壬生浪士組
京都も殺気働き、
なかなか居るべき地にはこれなし――　30

黒谷本陣の上覧稽古
この日稽古人数左の通り…
二　永倉新八―斎藤一――　35

大坂力士乱闘事件
騒ぎは一通りでなかった。
軒並の妓楼は大戸を卸し…静まり返った――　41

四条堀川米屋突入事件
一発打ち大いに驚き、しかし怪我もなく、
抜刀致し少々戦いにあいなる――　46

壬生屯所内間者暗殺事件　斎藤は御倉の背後に廻り…ヤッと懸声と共に、脇差の柄をも通れと突っ込む――　50

III　新選組四番隊組頭　58

五番隊組頭斎藤一　五番　江戸　斎藤一　廿一才――　58
池田屋事件　池田屋にて三人討ち取り　新選組　奈良新八　斎藤□半――　62
禁門の変と長州僧　人数の百万人も得候ようの心地になられ…大いにお力に思し召され候――　82
近藤勇糾弾事件　近藤が一ヶ条にても申し開きあい立たば、我々六名は切腹してあい果てる――　88
新選組四番隊組頭　兵は東国に限り候――　93
江戸帰還と隊士募集　京都新撰組土方歳三、斎藤一…江戸表において…五十七人吟味の上…新加入――　99
撃剣師範　沖田総司…その次は斎藤一と申します。永倉新八は…沖田よりはチト稽古が進んでいました――　105
斎藤一の佩刀　斎藤肇に於ては関孫六の一刀を引き抜き、エイとばかりに…斬って落とした――　118

幻の征長出戦
当局人数出張仕らず京師に在陣、定めて因循と世人申し候事に御座候―― 125

IV 孝明天皇御陵衛士 131

分離脱退
勇は「然らば斎藤氏をお連れ下されても苦しう御座らぬ」と承諾した―― 131

御陵衛士斎藤一
斎藤意を決し…抜打ちに武田の背後より大袈裟に切る―― 137

島原の相生太夫
斎藤は桔梗屋の相生太夫…馴染みの妓女を招び寄せ、羽目を外して騒ぐ―― 144

V 京都落日 149

七条油小路事件
副長助勤斎藤一氏、公用をもって旅行中のところ、本日帰隊、従前どおり勤務の事―― 149

天満屋事件
当夜新撰組大石鍬次郎、斎藤一達等侍共、紀州藩三浦休太郎他を招き、近辺の天満屋旅館で酒宴―― 157

鳥羽伏見戦争
土方歳三、山口次郎大いに奮勇、薩藩…ここに討たる―― 168

VI 転戦の果てに 178

甲陽鎮撫隊 甲州鎮撫方御委任大久保剛、副長内藤隼人並びに鎮撫隊全て、上下百二十人ほど、明朔日明ケ六つ時江戸出立―― 178

会津戦争 ひとたび会津に来たりたれば、今落城せんとするを見て、志を捨て去るは誠義にあらず―― 185

藤田時尾がみた戦争 当時の事を思い出ずるごとに、涙の袖を潤すを知らざるなり―― 197

VII 斎藤一の明治 208

東京の藤田五郎 只今新選組で残っておいでになりますのは…長倉新八というお方と…斎藤肇というお方で―― 208

本郷真砂町に死す 戦場統率の経験豊かな、眼光の鋭い人でありました―― 223

あとがき 230

主要参考文献 232

装幀——山元伸子

斎藤一　京都新選組四番隊組頭

I　新選組前夜

家と生い立ち

日常はいかにも武士らしい振舞いで…どんな場合でも正座をしていた――

新選組隊士斎藤一は、武蔵国江戸に根差した人物である。

新選組時代に遺された隊士名簿に、彼の出自はほぼすべて、江戸と表記される。さらに明治二年（一八六九）に隊士の中島登が認《したた》めた同志たちの絵伝『戦友姿絵』には「元徳川臣タリ」とある。さまざまな記録が斎藤の出自を、江戸へ向かわせている。

生涯を斎藤一の追究に捧げた、俳人で幕末研究家の赤間《あかま》倭子《しづこ》さんは、斎藤の家系について述べられた、生家に伝えられる二点の資料を昭和五十年に出版された共著の『新選組隊士ノート』に公表された。斎藤の長男藤田勉が、晩年に口述した記録である。

斎藤について、二点のうち「藤田家の歴史」と題する記録は、以下のように紹介した。

藤田家は（ハリマノ国明石町山口家より出づ）山口家は江州佐々木氏より出づ。何《いづ》れの時代か明石侯に仕へ、足軽なりしが山口祐助《ユウスケ》（五郎の父）氏は二十一、二歳の折青雲の志禁じがたく、家督を妹にゆづり（ヒョウゼン）江戸に出づ。

神田小川辺の鈴木某家に入り、足軽となりしが如し。後年、御家人となり株をかひ、川越の百姓（ます）をめとり、公明《ヒロアキ》、勝《かつ》（女）、一《はじめ》（後の斎藤一・山口次郎・藤田五郎）を生む。

（「斎藤一の周辺」）


さらに、題名のないもう一点の記録には、前者に重複する部分もあるが、次のように綴られる。


山口家は江州佐々家の一族なるが、ぼつ落して後、幡州明石侯に仕え、足軽たりしが、山口祐助氏は、青雲の志禁じがたく、家督を妹にゆづり、ヒョウゼン江戸に出て、城北小川町辺の鈴木某（幡シン）なるはんしんの家に若とうに入り、その後、足軽となり、四十歳頃、御家人株を求め、小川町辺に居る。

川越城下の百姓の娘、ますと結婚し、広明《ヒロアキ》、勝（長女）次男（ハジメ）をもうく。

（「斎藤一の周辺」）


把握が難しい部分もあるが、これらは斎藤一を語る上で、欠かすことのできない記録である。

斎藤一の父・山口祐助は、かつては播磨国明石藩に、下級武士として出仕していたとある。なんらかの理由で出奔し、江戸小川町近辺に住まう幕臣（「幡シン」とは幕臣の誤記であろう）の鈴木家に出仕、その後、御家人株を入手し、自らも幕臣となって鈴木家の近隣に住まったようだ。

川越から迎えた妻との間に三人の子を儲け、一はその末子だったとある。

新選組内では、隊士中島登が示した「元徳川臣」と自称したように、斎藤一にとって、家格はともあれ、幕臣家に根差した自身の出自が、一つの矜持となっていたことだろう。

赤間倭子さんは、後年に大蔵省や司法省に勤務した斎藤の長兄広明が、公的に認めた履歴書を紹介しているが、そこには「天保十四年卯年六月一日生　武蔵国豊島郡元飯田町に於て出生」と記されてあった（『新選組・斎藤一の謎』）。

この「元飯田町」は、現在の東京都千代田区の飯田橋近辺を包括する区域である。藤田家の口伝にある「小川町」とは徒歩圏内に位置し、「江戸切絵図」でも両町は「駿河台小川町」地域内に統括されている。山口祐助が住まい、斎藤一が兄ともども生をうけた場所も、この「元飯田町」だったとみられる。

ちなみに、嘉永二年（一八四九）の近江屋板「駿河台小川町絵図」の元飯田町近辺には、幕臣とみられる鈴木姓の住居が三軒、確認される（菊地明『新選組組長　斎藤一』）。中でも「鈴木十四郎」なる人物の住居は、「松井八十五郎」と表記された家と、一軒の家をはさんで北向きに軒を並べている。現在の千代田区富士見一―三にあたる。

この松井八十五郎宅は、万延元年（一八六〇）に、市谷加賀屋敷に居住していた近藤勇に嫁いだ、松井つねの実家にあたる。一棟を離れた隣家同士として、生活の上で、必然的に交流らしきものはあったことだろう。

鈴木十四郎についての詳細は不明だが、仮にこの家が、斎藤一ゆかりの鈴木家だったのなら、彼のその後の進路を決定する上で、大きな偶然になったものかもしれない。たとえその後に父の祐助が御家人株を得て、新たに居宅を構えていたとしても、馴染みのご近所同士の繋がりだけは、続いていたのではないだろうか。

後年認めた履歴書に、藤田五郎を名乗る斎藤は「弘化甲辰年一月二日」と自らの出生日を認めた。つねの婚礼は、斎藤が十六歳の時のことだった。

周囲をほぼ武家地で占められた元飯田町界隈で、おそらくは山口一を名乗っていたであろう少年時代の彼が、どのように日々をすごしていたのか、エピソードも含め、確かな記録は何も見いだされていない。

赤間倭子さんは、長年の取材に基づき、雑誌『自警』に連載した「新選組シリーズ」に、ご子孫から取材した晩年の藤田五郎こと斎藤一の居住まいを、次のように紹介された。

彼の日常はいかにも武士らしい振舞いで、下帯は毎日とりかえて、洗濯し、糊をつけてのして、まるで新しいもののようなものを身に付け、どんな暑い時でも肌ぬぎになったり、手拭を首にかけたり、巻帯（きちんと結ばず、グルグル巻きにすること）をしたりすることはなく、また、どんな場合でも正座をしていたという。

決してあぐらをかいたり、横ずわりをしたりしなかった。

（「新選組周辺」）

その姿からは、かつて山口家で、武士の嗜《たしな》みとして、厳しく施されていた教育の一端が窺える。

また、こんな話も伝わっていた。

（藤田五郎は）刀剣とか武具は、必ず一流のしっかりしたものを選定して使用した。

（「新選組周辺」）

撃剣についての知識と技術も、少年時から入念に培われていったことだろう。

青年はいつの日か、松井つねの嫁いだ近藤勇の撃剣道場に、非凡な才能をもつ剣士として登場することとなる。

試衛場道場

稽古終わって稽古人集まり、種々議論、国事を愁える。その連中……斎藤一――


武蔵国多摩郡上石原村の豪農宮川家の三男に生まれた近藤勇は、嘉永二年（一八四九）十月に、天然理心流剣術宗家の近藤周助の養子になった。

当時、勇の父親と周助の間に交わされた「養子一札」の書付は、周助の住所を「江戸牛込甲良《こうら》屋敷地面内」と記している。ここに近藤家の住居と、撃剣道場の試衛場があった。

甲良屋敷は幕府作事方の甲良家が拝領していた屋敷地だった。同家がこの地から移転した後も、地名が残され、甲良家に地代を払った居住者たちが、ここに暮らしていた。

ちなみに元治元年（一八六四）十月に新選組に入隊した近藤芳助という隊士がいる。近藤の家は甲良屋敷の西のすぐそばにあり、嘉永三年板の「尾張屋板切絵図」にも「近トウ」と記載されている。

後年、神奈川県会議員になった近藤芳助は後年の筆記に「近藤勇氏は江戸牛込市ヶ谷甲良屋敷と云う所に、養祖父前より撃剣道場を開き」と記し、自分は「近藤家の近隣に住居」し「臨友とくみし、撃剣の稽古に参加」したと認めており、試衛場の所在地を伝える確かな手がかりを残している。

道場の開設時期は伝えられていない。周助の養子となった後、文久元年（一八六一）に四代目宗家を嗣いだ勇は、この道場を起点に、時に多摩郡などに点在する門人のもとを訪ね、指南を続けた。

道場は広く試衛館と呼ばれるが、文久元年に天然理心流門人でもある多摩郡蓮光寺村名主の富沢政《まさ》恕《ひろ》が綴った日記に「試衛場」と表記される。試衛場で研鑽を重ね、多くの記録を残した永倉新八も、道場名については全く記述を残していない。本書では従来流通してきた試衛館ではなく、「試衛場」の表記を使用させていただく。

現在残される各種の「江戸切絵図」には、甲良屋敷は一括した町地として表示されており、町内の区画などは描かれていない。試衛場の所在地も特定は不可能である。

今日では多くの部分を新宿区甲良町とする甲良屋敷の跡地に、無人の稲荷社が建てられている。場所がらからか、これを近藤勇や試衛場ゆかりの社殿とする向きもあるが、この神社は甲良家縁故のものである。

文政十年（一八二七）に、甲良町の名主が幕府に提出した文書には、この神社は醍醐三宝院門主末派の所轄するものとされている。


右稲荷の儀は甲良屋敷鎮守にて、地所開発よりこれあり候趣、承り及び候。天和三年（一六八三）亥年よりただ今まで、当院にて守護奉り罷りあり候。

（「地誌御調書上」）


さらに同書は、この神社の祭礼が毎年十一月十八日に行なわれると紹介している。

試衛場については、よくわからないことが多い。もちろん確かな間取りなども伝えられていない。

ちなみに大衆作家の流泉小史《りゅうせんしょうし》は、昭和四年（一九二九）から『文藝春秋』に「史外史譚剣豪秘話」と題する連載を持ち、その初編「近藤勇の巻」で、近藤に因むさまざまな記録を紹介した。ここに、元幕臣でジャーナリストの福地桜痴が、回想をもとに語ったという、試衛場の探訪ルポが紹介されている。

流泉は新選組に関する著述も複数遺しているが、紹介する過去の事象は、スクープ感を漂わせながらも、いずれも決定的な信憑性に欠ける。流泉は学生時代に福地桜痴の門下となっており、桜痴から情報を得ることも確かにできたが、ここでは試衛場と桜痴を繋ぐ細かい経緯などがまったく紹介されないまま、情報が綴られているのである。

現在でも各書に引用されているが、流泉小史が仲介して伝えた、桜痴の試衛場内部に関する情報は、以下の通りである。

百坪足らずとおぼしき地域に、前、後、中とわずかばかりであったが、三通りに庭をとった平屋だてで、外見はみすぼらしいとはいわれぬまでも、いかにひいき目で見ても、義理にも立派だとはいわれぬ、（中略）下町辺ならば三四流どこの町道場という見てくれの一構えであった。それが一度中に入って見ると、十四五坪の畳なら三十枚あまりも敷かれようと思われる道場を、廊下でもってつないだ、それでも六室か、七室の平屋だて（後略）

流泉はさらに周助の隠居所や、近藤の書斎、沖田総司や永倉の居室となった大部屋などの構成を詳しく紹介し、この道場は一見みすぼらしいながらも「どこからどこまで小ぎれいに、手のとどいている」と桜痴が絶賛したとも伝えていた。

土方歳三の義兄で日野宿名主の佐藤彦五郎は、上府の際に、何度も試衛場を訪れたことを自身の日記に記している。万延二年（一八六一）一月二十九日の記述には、こういうものがあった。

近藤勇方ニて寄合稽古いたし、斎藤矢（弥）九郎門人拾五人、その他櫛節富山等之門人、集会稽古有之候。彦五郎并石田村之もの共仕（試）合致し候事。（『佐藤彦五郎日記』）

試衛場と斎藤弥九郎の練兵館とは、幕末期に友好的な関係を結んでいたことが、練兵館で練磨した肥前大村藩士の渡辺昇ら関係者の回想に伝えられているが、彦五郎の日記は、これを確証する。試衛場は、相当数の参加者の稽古にも適した規模を持っていたことだけは間違いない。

ちなみに、大正十四年（一九二五）に子母沢寛が、近藤勇の甥の勇五郎から聞いた、試衛場の規模を、当時『読売新聞』に連載していた「流行児近藤勇」で紹介している。

（近藤は）前後四百名以上の門弟を取り立てて、市ヶ谷柳町の近藤の道場は、三間に三間の堂々たるものだという。勇は妻つねとただ二人、女中も使わずに暮らしていた。

これを見る限り、道場部分は、約五・五メートル四方のスペースだったようだ。

新選組の立上げから間もない文久三年（一八六三）三月二十六日、近藤勇は国許への手紙の中に、六名の剣術道具を早々に京都へ送るようにと依頼している。近藤、土方歳三、井上源三郎、山南敬助、沖田総司、永倉新八の道具だった。

江戸で募集された浪士組に応募した彼らの上洛は、到着後の予定や、身の振り方も判然としないままのものだった。土方と井上は出身地である武蔵国日野に生活や修業の拠点を置いていたが、急な帰郷もありうる上洛にあたり、この六名は、試衛場に剣術道具を残してきたのだろう。

先頃、上洛する将軍家茂の警護を目的に募られた浪士組の応募者がめいめい申告した身上書が、公表され大きな話題となった。そこには、沖田総司、永倉新八、藤堂平助の三名が、試衛場の至近に位置する「牛込（市谷）加賀屋敷」の近藤勇の住まいに居候していたことが示されていた。

現港区の白河藩江戸下屋敷に生まれた沖田は、少年期から近藤勇に師事し、試衛場の師範代として腕を磨いた。

現台東区の松前藩江戸上屋敷に生まれた永倉は、十九歳で脱藩、現墨田区の神道無念流道場や現千代田区の心形刀流道場で撃剣の練磨を重ね、やがて近藤勇の元へといたる。

また同じく江戸生まれの藤堂は、現江東区の伊東大蔵（甲子太郎）の道場で北辰一刀流を練磨、のちに近藤勇に入門する。

近藤は当初、試衛場に住んでいたようだが、万延元年（一八六〇）に松井つねと結婚の後、居宅を移していたようだ。

試衛場から徒歩数分の市谷加賀屋敷と呼ばれる一帯にあった、近藤勇の借家に住み込んだ沖田や永倉は、ここから師匠の近藤と、日々、試衛場へ通っていたのである。

浪士組については後述するが、三月二十六日の剣術道具送付依頼状に名前のある沖田と永倉は、藤堂を含め、道場主の近藤と日常全般をともにしていたのだろう。

近藤はこの依頼状に京都で「浪士（の）文武場」を建てたことを認めている。

新選組は当初、屯所として接収した郷士の前川荘司邸の長屋門を改造して、急場凌ぎの道場を作っていたことを、八木為三郎が伝えている。六名の剣術道具は、この俄《にわ》か道場に対応するために求められたようだ。

やがて彼らは、さらに「久（文とも）武館」と名付けた道場を壬生の八木家に新築する。一部の幹部にとっては、ここが当面、新たな京都での試衛場になったようだ。

いつの頃からか、斎藤一も試衛場に出入りするようになった。彼がこの道場と関与していたことは、二つの記録に間接的に認められている。

一つは新選組の後援者だった小島為政が、明治六年（一八七三）に記した『両雄士伝』である。

昌宜（近藤）（中略）その友土方義豊と誓いて（中略）門人沖田房良、山南知信（敬助）、井上一重（源三郎）、長倉《ママ》新八、斎藤一らを率い、（中略）入京す。

記録には、斎藤一が近藤勇の「門人」として示される。

さらに永倉新八が、後年綴った『浪士文久報国記事』は、試衛場で「稽古終わって稽古人集まり、種々議論、国事を愁」える「連中」として、近藤以下、山南、土方、沖田、永倉、藤堂、井上らとともに、斎藤の名前を示している。

後述するが、斎藤が会得した剣の流派は、一刀流、無外流などとされる。しかし彼が近藤勇に師事し、天然理心流剣術を練磨していたことは間違いないだろう。

沖田や永倉同様、斎藤もまた、一時期、近藤勇の家に居候として住み込んでいたかもしれない。もっとも斎藤の生まれ育った元飯田町は、試衛場のある甲良屋敷からは三キロほどの所にあり、日々、通い弟子として生活していたとも考えられる。

その練磨期間は想像するしかないが、おそらくは、近藤勇らが浪士組として江戸を離れる前年となる文久二年（一八六二）に退くまでの、決して長くはない期間と思われる。斎藤には十代最後の時期でもあった。
拠《よんどころ》ない事情で試衛場を離れ、道場の同窓たちとともに上洛するのはかなわなかったが、新選組隊士として斎藤一は、以後も彼らと同じ格式で、公務を担うこととなるのである。

なお、佐藤彦五郎は日記に試衛場の所在地を、多く「市ヶ谷柳町」と記している。

道場が甲良屋敷にあったのは間違いない。市ヶ谷柳町は、甲良屋敷の西に接した町地だった。後年の記録もいくつか、試衛場の所在地をこの町としているが、通称としては、極近の「市ヶ谷柳町」のほうが、広く馴染みやすいものだったのかもしれない。

また、試衛場の所在地をまったく離れた「小日向柳町」とするものも少なくない。これも「市ヶ谷柳町」からの、さらなる誤認によるものだったようだ。

当時、試衛場の周辺は比較的賑やかだったようだ。江戸の地理を熟知していた、元幕臣の作家、塚原渋柿園《じゅうしえん》は、近藤勇が主人公として活躍する「他流試合」と題した短編小説を明治二十八年に発表し、文中にこんなことを書いている。

　市谷の柳町は、南は薬王寺前に続き、西北は原町に連なり、東に山伏町、甲良屋敷を控えて、この辺にての繁華の街なり。されば質屋に京屋あり、青物店に大八百屋あり。酒屋に角伊勢屋あり。いずれも山の手にて、名にうてなる商家なりき。

武家町も入り組んだ地形ながら、あちらこちらに生活必需の品を扱う有名商店があったようだ。ここに示された店に、斎藤一も出入りしていたかもしれない。

また同じく塚原は、幕末時に実見した、幕臣子弟の武術研修機関の講武所に通う修業生について、明治四十三年に、三越呉服店で開かれた講演会で、自筆のイラストを提示しながら、克明に紹介した。

そのイラストに描かれた若武者は、石畳の上に描いたという設定の「近」の一字と、藤の花とを交互にちりばめたデザインの袴を着用している。塚原はこの袴を、講武所のほかに「近藤」という師匠の道場で練磨する者たちが、揃いで誂《あつら》えたものだと説明した。

さらに塚原によると、幕末の撃剣道場では、修業生が五人程度の弱小道場でも、揃いのデザインの袴を誂えるのが、当時の流行だったとある。

時期は、斎藤が試衛場で練磨していた頃とも重なる。試衛場もこうした流行に巻き込まれていたかもしれない。

石畳の「近」一字と藤の花。新選組が制服としたのちのだんだら羽織のように、センスの面でいささか好もしからざる揃いの袴を斎藤一も身に纏っていたのかもしれない。

後の慶応三年（一八六七）六月、新選組総員が幕臣に取り立てられ、近藤勇は旗本格に任ぜられた。甲良屋敷の東方に二十騎町と呼ばれる区域があった。幕府先手与力二組の屋敷が並び、一組が十人ずつだったため、その名が用いられたという。

格を得た後に近藤は、それまでの市谷加賀屋敷の借家から、甲良屋敷間近の、旗本の武家屋敷が並ぶこの町に住居を移している。菩提寺の龍源寺に伝えられる慶応三年十月の文書に、近藤は「牛込元天竜寺前　二十騎組元御先手組大縄地　　御組屋敷」と当時の住所を認めている。この時期までに、格式ある住まいへと移転したようだ。

近藤勇の甥で、娘婿でもある勇五郎は、「慶応三年の四五月頃に、主人の勇がいなくなっては第一掃除にも困るというので、牛込（二十騎町）へ移ったのです」（子母沢寛『新選組始末記』）と、移転にあわせて試衛場と住居が離れたことを示し、さらに「廿騎の家は、道場も無く、大した家ではありませんでした」（同『新選組遺聞』）としている。

　こうしたことから、近藤家が加賀屋敷から二十騎町に移転した後も、試衛場に付帯していた当初の住まいは、変わらぬまま残されていたのかもしれない。

江戸出奔

山口一は十九歳の時、小石川関口に於て旗本の士を殺し……京都に……至り——


　新選組の創設に関わった者として登場する以前に、生活基盤をおいていた江戸での斎藤一の個人的な消息を伝える記録は、現在のところ、一点のみが示されている。

　前述した、斎藤の嫡子藤田勉が晩年に後述した「藤田家の歴史」は、彼の消息を次のように伝えている。

> 山口（斎藤）一は十九歳の時、小石川関口に於て旗本の士を殺し、父祐助の相年《ママ》世話をせし吉田某が京都に於て剣道場を開き居りし所に添書を持て至り、同家に寄寓す。吉田家に於て、剣道優れ居りし為、先生の代稽古に行き居りしと。

　年齢から逆算すると、文久二年（一八六二）の某日のこととなる。現在の文京区関口の付近で、斎藤は一人の人物を斬ったという。それも旗本の侍だった。

現場は、斎藤の生まれた現千代田区飯田橋近辺や、試衛場のあった現新宿区甲良町からも決して離れてはいない。当時の斎藤の生活圏内にあった。

この殺害事件について、文久二年の年次を手がかりに、幕末期に府内の市井で起きた諸事件を伝えた『藤岡屋日記』などの各種史料をあたってみたが、まったく見いだすことができなかった。さらに、事件後に京都に逃走したという消息にも、いささかの違和感を感じる。

結果的に、この不思議な「事件」が、斎藤一という青年を江戸から京都へ誘うことになったとされ、研鑽を磨いた試衛場道場との関わりも、このあと潰《つい》えることになる。

ただ、「藤田家の歴史」の中で見逃せないのは、斎藤を京都で庇護することとなる吉田某という撃剣家の存在だった。吉田は斎藤の父祐助に恩顧をうけていたという。

吉田のフルネームをはじめ、道場の位置や流派などの情報も、まったく不明のままだが、一点、興味深い史実がある。

後項で紹介するが、大和十津川の郷士で討幕派の一員でもあった中井庄五郎という人物がいた。斎藤一とは、その後京都でいささかの奇縁といえる関わりを持つことになる青年である。

中井の郷里に伝わる、このような話があった。慶応二年（一八六六）十一月のものである。

このころ（十津川郷の）京邸には、都下の撃剣家吉田数馬を聘し、その術を学ぶ。また、土（佐）藩、平戸藩も常々来て、互いに撃剣を磨励せり。

（『十津川記事』巻之上）

姓の一致のみにはすぎないが、吉田数馬は京都で相応の剣術家だったらしい。

吉田数馬の研鑽を受けたであろう中井庄五郎は、その後、京都天満屋で斎藤が指揮する新選組隊士らと斬り結び、命を落とすこととなる。直接、斎藤に殺害された可能性も否めない。

斎藤の寄留先を吉田数馬方とする史料はないが、吉田姓の剣術家が、対峙する二人の青年を繋いでいたのは、ある種の奇遇といえるかもしれない。

斎藤が試衛場を離れた翌年の二月、近藤勇や道場の中核を担う関係者たちは、幕府が募集した浪士組に応募する。一行は、近く上洛する将軍徳川家茂の警衛を目的として、京都へ向かうこととなる。

浪士組の募集は文久二年十二月に開始されていた。日程的に短いものの、この募集後に、斎藤が試衛場を離れた可能性も、決して皆無ではない。

遠い京都の地で、わずかな期間を隔てて、近藤らと斎藤は再会し、新選組が立上げられた。もしも斎藤が寄留したとされる剣術家の吉田某が、「藤田家の歴史」が伝えるように、斎藤の父祐助と懇意な縁故を持っていたのなら、近藤は、未知の京都での、さまざまな事前調査や根回しを言い含めた上で、門人の斎藤を先行させたのではないだろうか。

斎藤家の京都での吉田某との縁故は、当地を目指す近藤勇にとって、無視できないものとなったはずだ。

あくまでもひとつの仮説としてご紹介したが、さほどの間隔をおかずに、近藤らが京都で、斎藤一と再会しているという事実の前には、なんらかの必然的な理由が存在しているようにも思える。

もちろん、小石川関口での殺害事件を否定するものはない。

ただ、旗本の殺害と逃走という行為は、甚だ重い犯罪である。

ちなみに上洛から二年後の慶応元年（一八六五）、斎藤一は土方歳三に同行し、隊士募集を目的に、江戸へ一時帰還している。一カ月近い滞在期間中に、斎藤は、ともに帰還した伊東甲子太郎と連携し、広範に隊士募集を実施した。

事件が事実であるなら、拭いきれない若気の罪科を遺した地に、果たして早々に戻ってこられたろうか。また、積極的に活動が推進しえたろうか。斎藤自身には、郷里への不帰の覚悟がなかったとは思えない。

殺害事件に漂う霧は深すぎるのだ。

単独で上洛したことや、吉田某のもとに寄留し、時に各種の根回しを行なったかもしれない過去を、斎藤は、秘匿するべき重大事だと把握していたのかもしれない。

時を隔てた明治期に、藤田五郎と名を改めていた斎藤は、浪士組の出発地でもある小石川伝通院の近くに住まい、その地で逝去した。日々折々に、伝通院の広い寺域を散策することもあったろう。

若き日に、この寺から盟友たちと京都を目指すことがなかった過去を、彼はどんな思いで反芻しただろうか。

晩年にジャーナリストらから取材を受け、振り返りたくない過去を整理してゆく過程で、浪士組を経ずに新選組の立ち上げに加わったことは、幾度となくその心を過ったのではなかろうか。その結果、江戸を離れる原因となったとされる小石川関口での旗本斬りは、斎藤本人がやむなく案出した物語ではなかったのかと、私には思える。

浪士組

尽忠報国の志を元とし、公正無二、身体強健、気力荘厳の者——

文久二年（一八六二）、幕府と朝廷が結束し、国を挙げた攘夷を実行させるため、将軍徳川家茂の上洛が決定した。これにあわせて幕府は出羽浪士の清河八郎の献策に基づく、浪士組の募集を開始した。

清河は、国事活動の過程で、横浜にある異人館の襲撃計画を推進していたことを幕府に察知されていた。密偵にも行動を監視されていたが、文久元年五月に、白昼、一人の密偵を殺害する。この一件で清河は、身柄を追及されるとともに、活動の同志たちも多くが捕縛収監されていた。

驚異的な人脈を持つ清河は、苦境の中で、懇意の幕臣山岡鉄太郎らとの縁故を頼り、幕府に自案の浪士組計画を提出させ、やがて実現にいたる。

浪士組は、天誅活動などで治安が悪化していた京都へ、将軍に先行して上り、治安活動を担うことを目的に募られる組織だった。関東一円から、浪士や農民らが幅広く募集されることになる。

尽忠報国の志を元とし、公正無二、身体強健、気力荘厳の者、貴賤老少に関わらず御召し寄りにあいなり候。

(「小川家文書」)

浪士組の募集条件は、いたって簡略なものだった。

計画が実現し、募集が開始されるとともに、清河の罪科は赦された。獄中の同志たちも解放され、清河とともに浪士組計画の中枢で活動することとなる。

試衛場道場にも、浪士組の募集告知は届けられた。

道場主の近藤勇は、多くが天領となる武蔵国多摩郡に生まれ育ち、領主でもある将軍家への崇敬心は磐石なものだった。王城の京都を舞台に、自ら将軍の前衛になるという空前の機会に、近藤は、同じく多摩郡出身の土方歳三や、道場に寄留する門人たちと、浪士組への参加を即断した。

試衛場の門人だった斎藤一は、この募集に加わることはなかった。

先んじて江戸を離れた斎藤は、後日、京都で近藤以下、同志らと合流することとなる。

浪士組は文久三年二月八日に集結場所となった小石川伝通院の塔頭の処静院《しょじょういん》を出発、その後、中仙道を進み、二十三日に総員の二百数十名が、宿営地に定められた洛外の壬生に到着した。

だが、上洛直後に、清河八郎は、朝廷に建白を上書、関東で攘夷活動を行なうため、浪士組を東帰させるための許可を得る。

これが清河が浪士組を結成させた真の目的だった。集めた浪士たちを、独自の活動の手駒に用いようとしていたのである。

将軍家に深い敬意を持つ近藤は、清河の策謀に反発する。同じく浪士組として上洛してきた、水戸天狗党に繋がる芹沢鴨も近藤に同調、それぞれが同志たちとともに、浪士組を脱盟した。ほかにも、京都へ残留する道を選んだ脱盟者たちがいた。

近藤勇とともに浪士組を脱退した、試衛場に因んだ者たちは、以下の通りである。


近藤勇、土方歳三、山南敬助、沖田総司、井上源三郎、永倉新八、藤堂平助、原田左之助。


実はこの中で原田左之助のみは、試衛場に関わっていた確実な記録がない。

原田は伊予松山藩で中間《ちゅうげん》を勤めた前歴を持っていたが、なんらかの理由で郷里を出奔していた。かつて一時期、江戸三田の松山藩中屋敷に奉公していたことなどから、その後、大坂を経て、地の利を知る江戸に出ていた。

わずかに永倉新八の晩年の口述記録に基づく「永倉新八　昔は近藤勇の友達　今は小樽に楽隠居」（本人の存命中に『小樽新聞』に連載されたもので、一部改訂の上、私家版として刊行、その後『新選組顚末記』として刊行されている。以下、「永倉新八」と略記）が、試衛場に原田の姿があったことを紹介するのみである。

既述したように永倉は、壮年期の明治中期前後に認めた『浪士文久報国記事』に、斎藤が試衛場に在場したことを記しているが、ここに原田の名前はない。一方、原田の在場を伝えた晩年の「永倉新八」では、試衛場に斎藤の姿はない。

あくまでも仮説だが、原田は斎藤が試衛場から姿を消した短期間のうちに居候として入り込み、やがて門人一同と浪士組に身を投じたとも考えられる。

その後の斎藤の新選組幹部としての位置は、全史を通じて原田に勝っており、いわば試衛場閥として、彼が確かな存在感を残していることが認められる。


近藤勇と試衛場関係者以外に、浪士組を脱退し、京都に残留したのは、それぞれの派閥ごとに以下の者たちだった。

- 芹沢鴨派
芹沢鴨、新見錦、平山五郎、平間重助、野口健司
- 殿内・家里グループ
殿内義雄、家里次郎
- 根岸友山派
根岸友山、清水吾一、遠藤丈庵
- 無派閥

粕屋新五郎、阿比留鋭三郎、鈴木長蔵、神代仁之助

常陸国の出身で、長らく過激な国事活動を実行してきた芹沢鴨と、その一派の者たちは、浪士組結成当初より、試衛場のメンバーたちとは、まるで意図的に組み分けられたかの様な形で、小隊に編成されていた。

新見錦が小頭を勤める小隊に井上源三郎が組み入れられ、当初芹沢、後に近藤が小頭を勤めた小隊は、平山、平間、野口、土方、山南、沖田、永倉、藤堂、原田によって成り立っていた。

編成にあたっては、ある種の配慮があったものと考えられるが、真相は不明のままである。

ただ、この両派閥の接触は、彼らの京都残留に不思議な縁をもたらすことになる。

下総国結城藩に出仕していた殿内義雄は、幕府の官設教育機関である昌平黌に学んだ俊才だった。京都で長らく活動した経歴のある殿内は、当時、紀州藩へ出仕を認められていた儒者の家里真太郎と、交遊関係を持っていた。

このとき殿内とともに浪士組に加わっていた家里次郎は、真太郎の義理の甥にあたる。

家里真太郎は、当時京都に大学を設立し、在京の浪士や学徒に経費をあたえて学生とし、儒者や知識人を招いて教官にするという、大学建設案を私案として企画し、その実現のために腐心していた。

浪士組の伝通院出立時に、家里真太郎は江戸に逗留しており、その数日後、殿内や次郎を追うような形で、浪士組と同じ中仙道を上京の途に進んでいる。

殿内と家里次郎は、江戸出立前に、真太郎から京都での大学建設案を言い含められ、足場を築くために、浪士組を離れたようだ。そして、埼玉の豪農で、かねがね幅広く活動家らとの知遇もあった根岸友山と結託した。彼らは近藤や芹沢とはまったく異なる形で京都への残留を選択し、家里真太郎の

大学設立計画に邁進していったものとみられる。

新選組が組織として固まらないごく初期、こうして殿内や根岸らは独自に勢力の拡大を模索していた。この動きに反発した近藤派と芹沢派は、結束して彼らの動きを粉砕することとなる。


浪士組に東下が許諾されたのは三月三日のことだった。将軍前衛の浪士組としての活動を考えていた近藤勇は、予期せぬ展開にさぞや混乱したことだろう。

永倉の『浪士文久報国記事』によれば、近藤や芹沢は、煮え湯を飲ませた清河八郎を、京都で暗殺するように老中からの命を受けたという。また「永倉新八」では、暗殺は会津藩の命令によるもので、刺客は、「芹沢、新見、山南、平山、藤堂、野口、平間」と「近藤、土方、沖田、永倉、井上、原田」の二手に分かれたとある。

ここに斎藤一は、まだ見いだせない。

だが、その時、清河の警護にあたっていた山岡鉄太郎が、たまたま幕府の朱印を懐中にしていた。これが血で汚れることを危惧し、テロは果たせなかったという。

完遂できなかった清河暗殺の実行予定日は不明だが、あわせて近藤は、すでに先行上洛していた斎藤に、早々に連絡をとったものとも考えられる。

浪士組は三月二十八日に江戸に帰着、黒幕の清河八郎はその半月後に、幕府の刺客である会津藩出身の佐々木只三郎によって暗殺された。

II　壬生狼疾駆

合流そして壬生浪士組

京都も殺気働き、なかなか居るべき地にはこれなし――

新選組関連の史料に、斎藤一の名前が初出するのは、文久三年（一八六三）三月十日のことである。浪士組を脱退したものの、身柄を委ねる術のない近藤勇らは、会津藩に、その指揮下に置かれるよう求める嘆願書を提出した。会津藩主の松平容保は、前年に京都の治安維持を任務とする京都守護職を拝命し、多数の藩士を率いて上洛していた。

『会津藩庁記録』によれば、幕府は同じ三月十日付けで、会津藩に浪士組脱退者たちの取り纏めを命じていた。近藤らは、わずかの期間のうちに、準備に基づいて行動していたとみられる。

近藤らが提出した嘆願書には、以下の十七名が認められる。

芹沢鴨、近藤勇、新見錦、粕谷新五郎、平山五郎、山南敬助、沖田総司、野口健司、土方歳三、原田左之助、平間重助、藤堂平助、井上源三郎、永倉新八、斎藤一、佐伯又三郎、阿比留鋭三郎

近藤派と芹沢派の十三名のほかに、無派閥ながらも芹沢とは同郷の常陸国の出身者だったため、残留に加わったとみられる常陸出身の粕谷新五郎、上洛中に体調を悪化させ、余儀なく残留した、同じく無派閥の阿比留鋭三郎の二名を加えた十五名が、浪士組の脱退者である。

粕谷はほどなくして集団を離れ、東帰する。また阿比留は体調を戻すことなく、四月八日に壬生で没した。

嘆願書には浪士組からの脱退者ではない二名の名前があった。斎藤一、佐伯又三郎である。

佐伯は長州出身と伝わり「永く大阪にいた」（八木為三郎回想『新選組遺聞』）とされる人物である。次項で触れるが、芹沢派の平山五郎と縁故があったようで、彼に同志として招かれたとみられる。

この年の八月に佐伯は殺害されるが、その間、芹沢鴨の一派と同調する行動をとっていたようだ。

もう一人が斎藤一だった。

当時二十歳の斎藤一にとって、近藤らによる招請は必然的なものだった。

近藤や試衛場の盟友たちが、浪士組の一員として、京都で将軍警護の活動を行なうべく、根回しもかねて彼を先行させていたと考えるなら、まったく違った現実が、到来したことになる。

だが、近藤勇の矜持は、当初の目的を担うために揺るぎなかった。

斎藤は、前年に江戸を離れた際の覚悟を持続させながら、盟友たちと再会し、彼らと同じ視線で、新たな人生のステージに立ったことになる。

この日以降、彼は斎藤一を名乗った。

本名だった山口姓を改めたのである。なぜ斎藤姓を名乗ったのか、根拠や理由は定かではない。

浪士組を脱退し、新たな集団を形成していった殿内義雄や根岸友山も、会津藩の傘下に置かれる形となった。三月十三日に、浪士組があわただしく江戸に戻っていった二日後、近藤や芹沢、殿内や根岸らは、総員で洛東黒谷の会津藩本陣に、挨拶に赴いている。

病気が重篤な阿比留ら四名が欠席したが、近藤ら二十名が、この挨拶行きに参加した。もちろん斎藤一も加わっている。

浪士組脱退者二十二名と、斎藤ら新規加入者二名の総員二十四名で新選組は発足したが、近藤や芹沢と、異派閥の殿内や根岸が、この日以降に、深く交わった形跡はない。

殿内義雄は、敬愛する儒者の家里真太郎が唱える大学設立計画に腐心していたようで、京都でも、根岸らと新たな同志獲得に動いていた。三月半ばに、偶然、京都の路上で根岸友山と会った仙台藩士の岡鹿門《ろくもん》は、その一行の人数が十数名だったと綴っている（『在臆話記』）。

異派閥は瞬く間に勢力を拡大していったのだった。もちろんそれは、近藤や芹沢にとって、キモでもある浪士組内のイニシアティブ確保を喪いかねない脅威でもあった。

近藤は、活動の中枢にいた殿内を、危険分子として粛清することを決意した。

後日の国許への手紙に、近藤は、

　すでに同志のうち、失策など仕り出候者は、速やかに天誅を加え候。去る頃同志殿内義雄と申す仁、去る四月中、四条橋上にて打ち果たし候。

と認めている。テロが行なわれたのは、正しくは三月二十五日のことだった。

予期すらしなかった殿内の殺害に、同志たちは大混乱をきたした。根岸友山は、清水吾一や鈴木長蔵ら数名の同志を率いて、伊勢参りを名目に速攻で京都を離れ、江戸へ下った。一同は、東帰した浪士組によって派生した、江戸の治安を担う新徴組に、揃って身を投じることとなる。

また家里次郎は身の危険を感じて大坂に逃走したが、四月二十四日に、近藤らに発見され、詰め腹を斬らされている。

大学設立計画を主唱した家里真太郎も、五月十九日に、不逞浪士らに暗殺され、三条河原に梟首された。真太郎が井伊直弼による紀州藩主徳川家茂の将軍擁立に関与したため、同藩に抜擢採用されたとの風聞が立ち、以前から激昂する者たちの怨嗟の声があがっていたのである。

清河八郎の同志で、浪士組計画にも加担していた広島藩士の池田徳太郎は、殿内が殺害される三日前、酒席で同人と会っていた。後日、彼は、新徴組の根岸友山らに宛てた手紙に、

> 昨日面会の殿内、ただ今は斬害せられ候ようにては、京都も殺気働き、なかなか居るべき地にはこれなしと、一同肝を潰し、大いに狼狽仕り（中略）大坂へ引き取り申し候。
>
> （大館憲「浪士組の領袖池田徳太郎より江戸の諸隊長に贈りし手柬」）

と、その衝撃を吐露している。

殿内の殺害場所は夜半の四条大橋だった。果たして誰が手をかけたのか、近藤勇は語っていない。ところで殿内の暗殺が行なわれた時点で、近藤勇の派閥下にある者たちの中で、第三者を殺害したという記録が伝わっているのは斎藤一だけである。

さきにも述べたが、物証となる記録もなく事件自体は否定されるものの、斎藤には、江戸の小石川関口で旗本を殺害したとの家伝があった。

ちなみに土方歳三には、上洛前に江戸の吉原田圃で流血の私闘を行なったとのエピソードも伝わるが、信憑性に欠ける。

試衛場を離れ、京都の吉田某のもとで研鑽した斎藤の撃剣の技量に、師匠の近藤は興味とともに注目していたかもしれない。

浪士組とは無縁の斎藤には、殿内との縁故は、他のメンバーより稀薄ではあった。のちに新選組を名乗る一団としては初めての、結果を残したテロ行為の実践にあたって、対象者と一定の距離があった斎藤一が選択された可能性は、皆無ではない。

風聞記録によれば、殿内の遺体は「頭上を切り割られ、袈裟（がけ）に切られ、左の手首より小指の所まで手をかけ（られ）て疵あり」（『世話集聞記』）という状態だった。刺客は二名との情報もあったという。

殿内が殺害された三月二十五日の昼間、一行は屯営のある壬生に会津藩士たちを招き、壬生狂言見物に招待し、酒肴の接待を行なっている。

立上げられた小さな組織は、浪士組が宿営地とした壬生の郷士家を半ば強引に接収し、壬生浪士組を自称した。彼らは複数の家に分宿したようだが、本営は、綾小路通りと坊城通りが交差する地点の東南に立つ前川荘司邸に置かれた。

接待が行なわれた当日の記録が残されているが、参加した壬生浪士は、近藤と芹沢の両派の隊士たちのみだった。もちろんそこに斎藤の姿もある。

彼らは、会津藩から支給された金子で整えたという紋付も着用していた。異派閥とは早々に距離をおいた新たな組織は、順調に起動しようとしていた。

晴れやかな一日が暮れようとする中、斎藤一は、これから訪れる平穏ならぬ日々への覚悟を整えながら、今一人の同志をともない、四条大橋へと向かっていったのだろうか。

黒谷本陣の上覧稽古

この日稽古人数左の通り…二　永倉新八——斎藤一——

殿内義雄の粛清により、異派は排除され、文久三年（一八六三）三月末に、近藤勇と芹沢鴨の二派で構成された壬生浪士組は完成された。近藤・芹沢両派の並立ながら、組織のトップである筆頭局長の座は、芹沢鴨がほぼ独断的に担った。当初、会津藩から彼らに直接に活動を命ずることはなく、恣意的に市中の巡察などを行なっていたようだ。

組織の拡充も急務だった。どのような形で行なわれたのかは不明だが、京坂の撃剣道場などを通じて、隊士の募集を速やかに展開していった。撃剣にかぎらず、多岐にわたる武術の習得者が、広範に募集されていった。

会津藩は彼らに、会計から「浪士金」と名付けられた活動費を支給したが、隊士たちには、決して十分なものとはいえなかったらしい。

芹沢は、関東で国事活動を行なっていた頃、下総佐原で凶暴な活動資金獲得活動を行なったことがある。万延二年（一八六一）のことだった。

同志たちと村に入った芹沢は、村役人を呼び出し、一千両の供出を迫った。史料によれば、一行はピストルも携帯していたという。

供出資金の減額を求めて懇願する村方に激昂した一行は、村内広域で、暴力や破壊活動を起こす。音を上げた村は、八百両の提出を提案、納得した芹沢らは、到来から四日後に、金を受け取って村を去った。

この一件後、芹沢は捕われ、水戸の獄舎に拘留されるが、やがて助命され、拘束を解かれた。試衛場をベースにして撃剣指南を生活の糧とする近藤勇とは、極北にある過去だった。抗い切れない近藤の思いは、その後、芹沢の排除へと連なっていくことになる。芹沢の指示に基づき、壬生浪士組も活動資金の不備を、彼が過去になれ親しんだ方法で補ったのである。

四月三日、大坂の商人平野屋五兵衛方を、土方歳三、沖田総司、野口健司が訪れ、局長として組織を束ねる、芹沢、近藤、新見錦の連名による書面を添えて、百両の借用を談じた。その後も新選組は商家への金策を展開していくが、平野屋方での借用は、その端緒となるものだった。

この百両を使って、壬生浪士組は、隊服となる、いわゆるだんだら羽織を作成することとなる。斎藤一も、壬生浪士組の一員として、京坂での日常に入っていった。

四月八日のことだが、浪士組の着京以来、縁故のある壬生郷士の八木源之丞邸で、同家ゆかりの女性の葬儀が執行された。「野辺帳」と題された、この葬儀の参列者名簿が残されている。そこに「御浪人衆」として、参列した壬生浪士組の隊士六名の名前も記されていた。

近藤勇、沖田総司、平間重助、佐伯又三郎、永倉新八とともに、斎藤一の名前もあった。故人とのささやかな縁も築かれていたのだろうか。新たな生活の地でもある壬生に溶け込みはじめた斎藤の姿が窺える。

やがて少しずつ、壬生浪士組に新規入隊者が加わっていった。人数的にみても、十分な組織編成はできていなかったが、四月十五日、壬生の屯営に会津藩公用方の松坂三内から、一通の手紙が届いた。

明十六日、主人肥後守儀、各様御一同へ御目にかかられたき旨申しつけられ候間、九つ時迄に黒谷旅館へ御詰めになられたく、この段貴意を得たし。かくのごとくに御座候。

四月十五日　　　　松坂三内

壬生御住居各様

なおなお、洩れなく候よう、御一同へ御伝えになられ候。昨今まで御新参の衆まで、洩れなく御召しになららるべく候。

（「多摩二千六百年史」）

壬生浪士組が少しずつ拡張していくことを知り、会津藩主で京都守護職の松平容保（肥後守）は、彼らとの謁見を希望し、総員の出張を求めたのである。

大変な名誉だと、一同は感激したに違いない。翌十六日、要請通り、新入隊士も含めた壬生浪士総員は、黒谷本陣を訪問する。

一行を待っていたのは、驚くべき命令だった。

その日に黒谷本陣で起きた出来事について、土方歳三は次のような筆記を残している。

同（四月）十六日九つ時、参殿仕り候所、肥後守殿御目通りあい済み、一同稽古御覧になられたく御所望に付き、右この日稽古人数左の通り。

一　土方歳三―藤堂平助

二　永倉新八―斎藤一

三　平山五郎―佐伯又三郎

四　山南敬助―沖田総司

五　川島勝司
　右棒術
六　佐々木愛次郎―佐々木蔵之助
　右柔術
御覧あい済み候て、御酒頂戴これあり。夕陽に至り壬生村へ立ち戻り候。

松平容保は一同に、有志による武術の稽古を披露するよう求めたのである。突然の、絶対に失敗は許されない要請に、確実な技量を披露できる者たちが選ばれた。組の創設者の中から選抜された剣士たちの立合いは、豊富な経験に見合う、完璧な組み合わせだった。四本のうち三本は、試衛場ゆかりの者たちによって立合いがなされた。

最初に登場した土方と藤堂の二人は、おそらく以前から試衛場で頻繁に立合っていたに違いない。また彼らの立合いは、組織を指揮する松平容保が見た、初めての新選組の剣術でもあった。撃剣のトリでもある四本目に立合った山南と沖田は、試衛場ともっとも深い関わりを持つ、屈指の剣士たちだった。みごとな技量が展開されていったに違いない。

四本の中で唯一、芹沢派の平山と佐伯の立合いがなされたが、両者はいずれも、確かな剣の技量を持っていたことを示す史料が、わずかながら残されている。

また、こうした重大な場に立合ったことからみても、平山と佐伯の間には、過去に対戦経験があったと思われる。浪士組と無縁だった佐伯が、平山に招かれる形で壬生浪士組に加盟した証しとなるかもしれない。

斎藤一もこの上覧稽古のメンバーに選出された。相手となったのは永倉新八である。

いずれも新選組の中で破格の撃剣の技量を持つ両者は、かつての試衛場でも、壮絶な立合いを重ねていたと思われる。斎藤は、奇跡にも似たえにしによって、この無二の盟友かつライバルと、その後、半世紀もの関わりを持つこととなる。

壬生浪士組を立上げてから、わずか一月余りで訪れた、指揮官の武術上覧という破格の出来事に、二十歳の斎藤は震えるほどの感激を覚えたことだろう。

撃剣の上覧の終了後、新規入隊者らによる、棒術と柔術の披露がなされた。多岐にわたる武術の取得者による治安維持集団、いわば技のデパートのような傭兵組織を目の当たりにして、松平容保は、至極満足を覚えたに違いない。正午（九つ時）に黒谷を訪れた壬生浪士たちは、上覧稽古のあと、酒肴の接待をも受け、夕景になって壬生へと帰っていった。

松平容保は、その後も折々に一行を黒谷へ呼び寄せ、彼らの技量を見たようだ。こんな記録もある。

（容保は）適々《たまたま》閑あらせらるれば、壬生の浪士を召し、慰撫したまえて、その技芸を上覧したまう。

（『執掌録』）

満足のゆく一日は終わったが、壬生浪士組の中では、並行して穏やかならぬ出来事が進行していた。近藤勇が突然、奇妙な行動を起こしたのである。

上覧稽古の立合いのすばらしさに魅入られた松平容保は、賞賛の言を、間接的に壬生浪士たちのトップに伝えたらしい。

あまりの栄誉に、近藤勇は有頂天になってしまったようだ。

稽古当日の夜、土方歳三と沖田総司は、当時上京していた井上松五郎を訪問した。八王子千人同心でもある松五郎は井上源三郎の実兄で、年若の土方らから、かねがね兄貴分として信頼をうけていたのである。

当夜、松五郎は不在だった。置き手紙を見て、翌朝、彼は壬生の屯所を訪れる。

昨日、土方、沖田両人より（の）書面拝見いたし、早朝より壬生村まで罷り越し、田中の茶屋（にて）井上、土方、沖田、山南、斎藤の者に逢い、いろいろ内談いたし……　（『井上松五郎日記』）

その緊急内談について、井上松五郎は同十七日の別の記録に、次のように認めている。

土方、沖田、井上に逢い、万端聞き、承知いたし候。何分近藤天狗になり候て、他浪士、門人一同集まり、近藤に腹を立て、下拙（松五郎）方へ談ず事。　（『井上松五郎日記』）

「近藤が天狗になった」と、土方や沖田、さらには斎藤も交わり、井上松五郎に訴えたのである。飾らない松五郎の日記の筆致から、彼は斎藤とも旧知の関係だったとみられる。試衛場時代も親しく交流していたのだろう。

松五郎が記した「天狗」について、これを近藤が水戸天狗党ゆかりの芹沢鴨と奇妙に接近し、土方らが危惧していたとする見解もあるが、これは、純粋に慢心の意とみるべきではないだろうか。

門人たちの破格の力量を最高指揮官から賞誉され、近藤は我を失った後、ついには増長してしまったのではないだろうか。過剰な接待の酒も受けた末に、壬生浪士組では同志であるはずの試衛場の門人らの前で、不遜な言動をも見せてしまったのではなかろうか。

斎藤を含め、松五郎に訴えたのは、御前稽古で汗を流した者たちだった。松五郎のその後の日記には、この異変がその後、尾を引いた様子はない。ほどなく落着し、斎藤も不満を腹に納めたのだろう。

極めて穏やかな常識人と伝わる近藤勇は、新選組局長として、はからずもこのあと二度、慢心に起因する不遜な言動を示している。

最終的には組織の分裂をも引き起こすことになる近藤の慢心による危機に、この翌年、斎藤一は、再び遭遇することとなる。

大坂力士乱闘事件

騒ぎは一通りでなかった。軒並の妓楼は大戸を卸し…静まり返った——

黒谷本陣での御前稽古から四日後の四月二十一日、壬生浪士組は大坂に下った。上洛中だった将軍徳川家茂が、一時京都から下坂するのに伴うもので、警備の一員となったのである。彼らにとって初の公務ともいえる出張だった。

将軍は五月十一日に帰京、壬生浪士たちも屯所へ帰営した。斎藤一も緊張して、在坂での公務にあたっていたと思われる。

新入隊士の募集も活性化していた。五月二十五日に、浪士一同は連名で国事に関する上書を幕府に提出しているが、ここには「〆三十六人」として、理由は不明ながら新見錦と姓名不詳の一人を除く、三十四名の氏名が記されている。うち二十名は、京都や大坂で新たに加わった者たちだった。

黒谷の御前稽古に登場した川島勝司や佐々木愛次郎と同蔵之助のほか、松原忠司や島田魁、林信太郎など、幹部としてその後の新選組を支えていく者たちの名前もあった。

隊士数の拡大にともない、組織編成も整えられていった。それまで、芹沢鴨、近藤勇、新見錦の三名を組織の長として掲げることで、漠然と推移していた創設者のみによる壬生浪士組は、局長の下に副長を置いた。さらにその下に組織の創設者たちを中軸として置き、彼らの指揮下に、新入隊士を組み入れる形を整えた。

局長職が同派の芹沢と新見、さらに別派の近藤の三名によって形成された見返りとして、近藤派の土方歳三と山南敬助が二人で副長職となった。副長は局長と、新入隊士を指揮下に置く創設者たちの間を繋ぐとともに、対外的折衝を任にする局長に代わって、組織内の統率に専心することとなる。

創設者の一人でもある斎藤は、幹部として、隊士たちを指揮下に置く役職を担うことになる。副長の統率下にあるその正式名称は副長助勤といった。試衛場以来の盟友、永倉新八や沖田総司らも、副長助勤として斎藤と同格を担った。

日々、公務に勤しむ中、斎藤は六月二日に再び大坂に下った。

前日、壬生浪士らのもとに、不審な浪士が大坂で不穏な動きを見せているとの情報が届いた。主に副長助勤らによる有志が即座に出張し、任務にあたっている。斎藤も一行に加わることになった。三日早朝、不審な浪士二名を捕縛し、町奉行所に身柄を委ねた。そしてその夕刻、事件が起こった。

事件は、当事者の一人でもある永倉新八に直接取材した、高知の郷土史家松村巌の記録に詳しい（一九三八「癸亥斬奸」『土佐史談』六十五号）。松村は永倉から『浪士文久報国記事』を含めた多くの資料を得ており、この事件についても、今日失われたものも含めた永倉由来の資料をもとに紹介している。

松村の記述から、事件を追ってみたい。

当時、大坂に出向いたのは、芹沢鴨、近藤勇、山南敬助、沖田総司、永倉新八、斎藤一、平山五郎、野口健司、井上源三郎、そして島田魁の十名だった。近藤と井上を除いた八名は、三日の夕刻、壬生浪士組の大坂での駐留所でもあった八軒家の京屋忠兵衛方より、淀川に船を浮かべて納涼を楽しんでいた。

そのさなかに、斎藤一は俄《にわ》かの腹痛に襲われた。一行はやむなく鍋島河岸に着船し、斎藤の介抱を目的に、花街の北新地へと向かった。

当時、大坂では相撲興業が行なわれていて、市中には力士たちが闊歩していたという。こうした一人の力士が、北新地へ向かう浪士たちと擦れ違った。その際、力士は一人の足を踏んだ。無礼に怒った壬生浪士が、その力士を殴打すると、さらに続いてやってきた力士が、一行の進路を塞いだ。

険悪な空気が流れる中、その力士の体が芹沢の鞘に触れた。激しい口論となり、やがて浪士たちはその力士も殴打する。そして何事もなかったかのように、一行は北新地に到着、早々に縁故ができていたらしい料亭の住吉楼に登楼して一服した。

腹痛に呻吟していたであろう斎藤は、どのような思いで、この間の状況を目の当たりにしていただろうか。

しかし平穏は長くはなかった。力士たちが大挙して住吉楼に押しかけてきたのである。小野川部屋に属していたという力士らは、樫の八角棒を手に、壬生浪士の暴行に息巻いている。のちに近藤勇が国許へ認めた手紙によれば、押しかけた力士は「二、三十人」だったとある。

だが、壬生浪士組も容赦はなかった。

時に芹沢、刀を一力士の腹に傳《はさ》んで之を剜《えぐ》り、山南もまた、一力士の北《に》ぐるを追って、その背を剳《わ》り、永倉一人を斫《きり》殺し、力士即死三人、負傷十四人あり。新撰組は沖田、永倉の二人腕を打たれ、平山頭を打たる。（「癸亥斬奸」）

もしも腹痛というアクシデントがなければ、斎藤もこの修羅場へ突入し、巨漢たちと交戦していたかもしれない。

また、同時代史料『慧星夢雑誌』には、襲撃の首謀者と見られる力士が、首筋を斬られて即死、一人は片腕を落とされ、今一人は背中を深く斬られたとある。さらに前述の近藤の国許への書簡には、関取の熊川熊次郎が四日に死亡し、さらに三名が必死の負傷をしたと認められている。

ちなみに熊川熊次郎は、肥後出身の力士で「中頭にして二段目頭に関わりし力士」（一九一〇『大阪力士』）だった。当時の大坂相撲は、力量のある力士がいても、江戸から来る力士を優先的に大関の地位に据え、大坂力士は「中頭」として二段目に置かれたという。壬生浪士たちが斬った熊川は、大坂相撲では筆頭格に置かれる力士だったらしい。

事件は公務上で起きたのではなく、あくまでも私闘に類するものだった。しかし壬生浪士組は牙を向いた相手に容赦はなかった。

近藤勇は芹沢と連名で、事件の当日に、東町奉行所に口上書を提出している。押しかけてきた裸体の者たちに対し、抜刀して乱闘、七八名に浅手を負わせたとし、狼藉者たちが再び現れた際には、容赦なく討ち果たすと記した。

口上書は、乱闘のすべてが終わった後に整えられ、提出されたものとみられる。壬生浪士組はこの事件を、あくまでも正当防衛による殺傷行為と認識していたのである。

永倉や斎藤とも知遇のあったルポライターの鹿島桜巷は、明治四十三年から翌年まで『東京毎日新聞』に連載した史伝「剣俠実伝近藤勇」の第二五回で、この事件を紹介し、

時にまだ絃歌湧くような宵の口とて、北の新地の騒ぎは一通りでなかった。軒並の妓楼は大戸を卸し、午夜《ごや》のように静まり返った。

と綴った。否応なしに耳目を集めたであろう、花街の北新地を舞台にした、大変な乱闘事件ながら、この私闘を紹介する同時代史料は皆無に等しい。『慧星夢雑誌』のほかには、事件の翌月の二十六日に京都西陣の町代《ちょうだい》が綴った日記に「先月ごろ、大坂で壬生浪士が二名の力士を『過言不届き』のため『御打取』になった」との、短略な記述が伝わるに過ぎない。

壬生浪士たちへの忖度《そんたく》から、重大な箝口令が敷かれたのだろうか。

その後、大坂相撲側は壬生浪士組と和解し、友好関係を築くにいたった。

八月七日から祇園北林で、大坂相撲と京相撲の合同による、晴天七日間の興業が開かれ、壬生浪士らは、黒紋付と縞袴の装いで、満員の会場の警備を担当した。

さらに同月十二日に、力士たちは壬生で、新選組への謝意を込めた興業を開いている。黒紋付と縞袴の正装で、斎藤一も警備の一員を担ったことだろう。

雨降って地固まるの故事を実践したような経緯を経て、壬生浪士と力士は結託したのである。その発端となる乱闘に、腹痛によって余儀なく参加できなかったのは、斎藤にはむしろ幸いだったのかもしれない。

なお、大衆作家の流泉小史は、昭和六年（一九三一）に雑誌『大日』に「殺人剣活人刀―人を斬った話―」と題する論稿を連載した。長編となるこの作品は、関東大震災の前に、当時実在した現江東区の料亭「橋本」で開かれた幕末維新の体験を語る談話会に、老人となった斎藤一が招かれ、往時を語っていくという形式の物語である。

本件については拙著『新選組と刀』（二〇一六）にも詳しく紹介した。流泉自らがスタッフの末端としてこの談話会に関わったとし、物語はまことしやかに展開していく。流泉はさらに世話人として、実在の評論家らを登場させている。

多様なトラップが仕掛けられているが、作中には、当時斎藤が名乗った藤田五郎の名はいっさい登場せず、検証していくと、疑問ばかりが残る贋作小説である。

そして、この中で老境の斎藤が語るのは、大坂での力士との乱闘事件についてだった。作中でも、斎藤は乱闘の前に腹痛を起こしたという設定がなされている。流泉は傍観者として、斎藤に、創作臭に満ちみちた乱闘事件を語らせていったのである。

もしこれがノンフィクションだったなら、新選組史に、はかりしれない恩恵をもたらしたことだろう。

四条堀川米屋突入事件

―発打ち大いに驚き、しかし怪我もなく、抜刀致し少々戦いにあいなる―

文久三年（一八六三）八月十八日、京都御所内で、政変が勃発した。会津藩や薩摩藩など、公武合体を奉じていた勢力が、結託して反幕府の立場に立つ長州藩を、御所の警衛から解任したのである。

長州藩は、京都での政治的な立場を失い、親しい公家らも京都を離れた。「八月十八日の政変」と呼ばれる騒擾である。

壬生浪士たちは五十余名の総員で、早々に御所に出動し、自主的に警備の任にあたった。揃いの浅葱色のだんだら模様の隊服を纏い、会津藩との取り決めで装着した黄色い襷《たすき》を掛けた一行は、否応なしに目立つ存在となった。隊長の芹沢鴨はテンションが高まった挙げ句、自前の鉄扇を広げて会津兵らを恫喝、同時代史料に「壬生の浪士は大威勢に候」などと揶揄されるにいたる。

激動する時代の前線に立っていることを、この日御所に出動した斎藤一も認めていたに違いない。

この出動のあと、壬生浪士組には、会津藩から新選組という隊名が授けられた。

隊名の由来については諸説があるが、京都から帰還したのち、江戸の治安維持活動を命じられた浪士組に、この年五月に名付けられた、新徴組という名前に呼応したものと考えられる。

ちょうどその頃、斎藤一が京都新選組の一員として出動した事件があった。近年紹介された、永倉新八の『浪士文久報国記事』で、初めて触れられた捕縛事件である。

八月下旬のことだったという。四条堀川の西に入った所に一軒の米屋があった。この店に突然、鉄砲を持った三名の不審者が押し込んできた。備前藩と関わりのある者たちだったとある。

当時はまだ、新選組を含めた京都の治安勢力に、担当警備区域は定められてはいなかったようだ。米屋の店主は、一キロ圏内の壬生に屯営を構える新選組に駆け込んだのだろうか。早速隊士たちが駆けつけてきたのである。

永倉新八、斎藤一、平山五郎、中村金吾、山野八十八の五名だった。

門は昼夜門を見ると、蛍のような火が見える。それは全く火縄の火が見えるのなり。しかし鉄砲所持とは知らず、内へ五人閊《まかりい》る。

一発打ち大いに驚き、しかし怪我もなく、抜刀致し少々戦いにあいなる。（『浪士文久報国記事』）

鉄砲の存在を確認せぬまま、一同は米屋に突入した。不審者たちは発砲したが、新選組に怪我はなく、不審者は残らず討ち取られたという。後日、新選組には朝廷から褒美が下賜されたと永倉は綴っている。

当事者の永倉が、短く紹介したこの事件について、先ごろ、貴重な事実が公開された。

歴史研究家の伊藤哲也氏が、会津藩の同時代史料『維新階梯雑誌』から、この事件の記述を見いだしたのである（二〇二一『史料集成斎藤一』）。

それによると、事件が起きたのは八月晦日のことで、米屋の主人は万助といった。押し込んできたのは一名で、因州藩の徒士組の山田庄八と名乗る人物だった。

万助は新選組に窮状を訴えた。この記録では彼らは夜廻りのさなかだったという。駆けつけた隊士たちは、捕縛を前提に対峙したが、山田は鉄砲を打ちかけてきたため、やむなく斬り結び、捕縛にいたった。

万助方にやってきたのは、永倉が示した五名のほか、林信太郎を加えた計六名で、平山ら二名が、捕縛の際に負傷したとある。

さらに伊藤氏が発掘した『維新階梯雑誌』は、驚くべき話を伝えていた。

新選組は捕えた山田の耳と鼻を切り、ついに殺害したという。

ここで想起される一つの史料がある。元治元年（一八六四）の冬に、土方歳三が私案として作成した「軍中法度」と題する戦場訓である。

当時新選組は、幕府の長州征伐の要員として、かの地に派遣されることを切望していた。土方は前もって、激闘が予測される長州の戦地で、隊士たちに遵守させるための規律を策定していたのである。

それが「軍中法度」であり、土方が草案を郷里に送っていたため、今日に伝えられている。

新選組の長州派遣は実現しなかったため、「軍中法度」は土方が机上で編んだ、幻の隊規となった。

その「軍中法度」に、こんな一文がある。

一、組頭討ち死にに及び候時、その組衆は、その場にて死戦を遂ぐべし。もし臆病を構え、その虎口を逃げ来たる輩これあるにては、斬罪、劓《ぎ》罪、その品に従い申し付くべくの条、かねて覚悟し、未練の働きこれなきよう、あい嗜みべかるること。

指揮官が死亡した際には、生還を許さないとした恐ろしいほど厳しい規則である。さらに土方は、戦場からの離反者に、斬罪のほかに「劓罪」を予告した。

鼻を削ぐという、さながら戦国期のような恐ろしい罰則である。

「軍中法度」が机上論だった以上、この「劓罪」も、土方の厳しい決意の具象化と思っていた。だが、新選組は実際に捕縛者にこの極刑を実践し、挙げ句には耳も削ぎ、殺害にいたったのである。

新選組の容赦のない姿勢は、決して絵空事などではなかったようだ。

米屋に出動した隊士たちの中で、銃を構える相手に、抜刀して立ち向かったのは誰だったのだろうか。

死線をも越えるような、不利な市中での戦いで、盟友の永倉新八と共闘した斎藤一の技量は、この夜、激しい閃光を放ったかもしれない。

＊　伊藤哲也氏の研究に敬意を評し、あわせて御礼を申します。

壬生屯所内間者暗殺事件

斎藤は御倉の背後に廻り…ヤッと懸声と共に、脇差の柄をも通れと突っ込む――

文久三年（一八六三）八月十二日の夜、京都葭屋《よしや》町通中立売上ルの生糸商大和屋庄兵衛方が、三十名あまりの男たちに襲撃された。一行は家屋に放火、翌朝までかけて、蔵を破壊し、商品を散乱させた。駆けつけた町火消したちもなすすべのない、傍若無人な行動だった。

大和屋はその直前、反幕府浪士らから、物価高騰の原因を作った奸商であると、斬奸状に個人名を挙げて恫喝されていたが、この夜、襲撃を目撃した町人の記録には、襲撃者の中に新選組の隊服を羽織った者たちの姿を確認していたものもある。

新選組による凶行だった。

奇しくもその日、近藤勇に近い隊士たちは、友好関係を結んだ大坂相撲の力士たちによる相撲興業を壬生で実施していた。多くの木戸銭が集められ、近藤らにはありがたい活動資金が集まることになった。

当初、互いに結束し、殿内義雄らの異派閥を排除、組織を整えた近藤勇と芹沢鴨のグループの間には、次第に距離が生まれていた。過激な国事活動の経験のある芹沢は、市中での金策強談活動をはじめ、京坂の花街などで、粗暴な振舞を次々に展開していた。

文久三年に認められた大坂の風聞史料には、大坂の町人たちが、新選組を評して「芹川浪士」と呼んでいたと認められている（『鐘奇斎近世風聞雑記』）。史料は、彼らが天誅し、大坂の天神橋欄干に梟首した不逞浪士の斬奸状を見物するために集まった町人たちが発していた言葉を書き取ったものだった。

「芹川浪士」は「芹沢浪士」の誤記とみて間違いない。

組織が粗暴な行動を起こした現場で、町人たちは新選組を、粗暴な筆頭局長に集約させるような別称で呼んでいたのである。

近藤らが穏健に活動資金を確保し、屯所周辺からも好感を得た日の夜、芹沢は大和屋を襲撃した。近藤の選択した穏健な行動は、芹沢にとって、極めて不快なものだったのだろう。結果的にこの襲撃は、市中の新選組への好感度を、瞬く間に打ち砕くこととなった。

大和屋は、御所からも決して遠くはない。京都守護職を担う上に、新選組をも指揮下に置く会津藩は、芹沢の凶行に激昂したことだろう。かねがね市中から届けられる芹沢の粗暴行為も、藩の上層部に伝わっていたに違いない。藩そのものとは縁故のない傭兵集団の筆頭局長の暴走は、会津藩にとって迷惑きわまりないものだった。

伝えられているのは、公的文書ではなく風聞だが、後述する『近世野史』などに、大和屋焼き討ちの後、会津藩は近藤勇に新選組から芹沢を排除するよう、内命を下したとされる記述がみられる。

近藤らは九月十三日に、芹沢とは長い同志関係にあった新見錦を排除した。諸説あるが、訪れていた祇園の見世で、いきなり周囲を取り囲んで、詰め腹を切らせたという。

新見は組織の発足時、芹沢や近藤とともに局長職を担っていたが、なんらかの出来事で一隊士に降格、当時、田中伊織と改名していたようだ。

ついで十六日（十八日とも）芹沢鴨が殺害された。

同日、新選組は島原で総員による宴席を開き、芹沢と、最側近の同志の平山五郎らをしたたかに酔わせた。やがて芹沢は、平山と、同じく側近の平間重助を伴い、不定期に宿泊していた壬生の八木源之丞邸に入る。

芹沢は、妾としていた梅をあらかじめ八木邸に呼び寄せていた。また平山らは島原の妓を帯同している。江戸の吉原とは異なり、島原では客の要望により、花妓が廓外へ出入りするのを認めていた。それぞれが八木邸で、前後不覚のまま妓たちと同衾している中を、近藤勇に近い者たちが襲撃した。芹沢と梅、平山の三名が殺害され、島原の妓二人と、平間重助は奇しくも難を逃れた。

新選組と交流していた西本願寺の寺侍・西村兼文は、事件から七年後にまとめた著書に、次のように記している。

この儀（暗殺）は、同組の内、近藤勇、土方歳三、三南三治郎（山南敬助）、沖田総司、原田左之助等、会藩の内命にて斬戮候よし。（中略）過日葭屋町大庄乱妨の一件は、全て芹沢鴨の所為にある様子に御座候事。

（『近世野史』）

この風聞記述に全幅の信頼は置けないものの、近藤は芹沢の暗殺を、試衛場や、天然理心流ともっとも深く関与する門人たちに委ねたものと思われる。一方、原田左之助は逆にそれらとは隔った部分にいる男だった。使い勝手は良かったろう。

斎藤一の選抜は、当初から近藤の念頭になかったようだ。

斎藤と似た経歴の永倉新八も、この暗殺からは外されていた。一般に、永倉は神道無念流の練磨経験を持つことから、同流を使う芹沢との関与を考慮され、選抜されなかったともいわれる。

そんな永倉は、後年『浪士文久報国記事』の中で、芹沢暗殺の刺客として、土方、沖田のほかに、藤堂と御倉伊勢武を加えている。

永倉が藤堂の名を出した理由は不明ながら、彼は四月の黒谷での上覧稽古の場で、土方歳三と立合っていた。江戸以来、土方とは格別の関わりを持つ人物だったと思われる。近藤が信任を置いた土方が、刺客要員に加えた可能性もあるかもしれない。

しかし何よりも永倉が、刺客の一員に、疑いもせずに御倉伊勢武を加えていたのは意外だった。御倉は、この年七月以前より新選組に加わっていた隊士である。前後して加入した荒木田左馬之助、越後三郎、松井龍三郎と隊務に就いていた。

彼らは長州藩に縁故のある者たちだったとも伝わり、御倉らには「国事探偵方」という任務が与えられたと、永倉は後年の記録「永倉新八」に記している。穏やかならぬ前歴を持つ彼らは、どうやら対外調査に勤《いそ》しんでいたらしい。

また、後年永倉は、郷土史家の松村巌に、こんな話を語っている。


越後三郎、御倉伊勢武、荒木田左馬之助、松井龍三郎ら数輩より壬生に来て、同志に加わらんことを請う。芹沢、近藤、その長州藩党の遊諜なるを知れども、陽に許して党に入れ、命ずるに周旋方をもってす。時にこの徒がこもごも近藤に勧めて、芹沢を殺さしむ。

（「新選組長芹沢鴨」『土佐史談』七十一号）


暗殺に関わってはいなかった永倉は、そもそも刺客に加わった御倉が、芹沢暗殺を提案した首謀者と認識していたのである。

そしてこの誤認は、芹沢暗殺の直後に壬生屯所で展開した、今一つの暗殺事件に起因するものだった。

芹沢と平山の殺害により、新選組は近藤勇単独のもとに委ねられた。彼らを指揮下に置く会津藩にとっても、きわめて風通しの良い組織になったことだろう。

だが、近藤勇には今一つの憂鬱の種が残されていた。その後起きる事件から一カ月後の十月二十日、近藤は佐藤彦五郎に宛てた手紙に、こんな一文を書いている。

縄手夜討ち後、局中へ間者三人同志いたしおり、いかがいたすべしと久々心配仕り候。拠《よんどころ》なく殺害いたし申し候。下拙儀も大坂罷り越し滞留中、間者のため一夜あい忍び申すこと（に）御座候。かれこれ一夜（も）安心いたす事御座なく候。

「縄手夜討ち」とは、京都に潜伏中だった、筑前福岡の活動家の平野国臣を捕縛するために、八月二十四日に宿泊疑惑のあった三条縄手の旅宿豊後屋に、新選組が大挙して出動した事件である。確かな記録はないが、斎藤一も出動した可能性が高い。

この事件後、芹沢暗殺をはさんで約一カ月の間に、新選組内での間者の暗躍は顕著になっていたらしい。そこに絡んできたのが「国事探偵方」を称したという、長州ゆかりの者たちだったようだ。『浪士文久報国記事』によれば、御倉らは近藤に向かって、長州藩内に新選組屯所を焼き討ちにする計画があると伝え、いったん立ち退くようにと提言したという。その後、御倉らはさらに同志を新選組に招き入れ、工作活動を活性化させていったとある。

ある夜、永倉は祇園の料亭一力に御倉らと登楼したという。だが、その夜、御倉は邸内で多数の長州人と接触、さらに永倉の殺害を企てた。

事態に不安を感じた斎藤一は、藤堂平助とともに隊士を引き連れ、一力に出向いたが、幸い異変はないまま、帰隊。永倉も翌日、御倉らと壬生へ戻った。屯所への帰途、御倉はなおも永倉を殺害しようと機会を窺い続けたという。

帰営後、新選組隊士たちは、御倉伊勢武ら長州の間者とされる隊士たちを、先手を打って粛清するべく、牙をむいた。

主魁と目された御倉伊勢武は、荒木田左馬之助と、髪結いを招いて、屯所の縁側で結髪しているさなかだった。永倉は、斎藤と林信太郎の二名を伴い、二人を襲った。

いささか講談調だが、永倉は晩年、このときの斎藤らの斬劇を、次のように伝えた。


永倉は両人（御倉、荒木田）の後方へ廻り、無言のまま斎藤と林を見返って、目で差図すると、斎藤は御倉の背後に廻り、林は荒木田の背後から、一整にヤッと懸声と共に、脇差の柄をも通れと突っ込むと、両士はキャッと叫んで、腰の小刀に手を懸けたまま即死して終《しま》った。驚いたのは二人の床屋で、サッと迸る血汐を浴びて、自分が刺されたとでも思ったか、その場に腰を抜かして終う。

（「永倉新八」）


天井の低い屋内でのテロに際し、斎藤は脇差を使用したようだ。背後から致命部を一突きにした斎藤の一撃は、間者の主魁と目された御倉伊勢武を即死させたらしい。

永倉が伝える慌てふためく髪結たちのありさまは、斎藤が果たした室内テロのすさまじさを、いかんなく伝えている。

この時、別間に越後三郎と松井龍三郎がいたと永倉は伝える。沖田総司と藤堂平助が迫ったが、二人は異変を察して、窓を押し破り、塀を越えて逃走してしまったという。

沖田はただちに「屋内に彼らと同意の者あらん、方々油断召さるな」と絶叫、すると松永主計と楠小十郎の二人が逃走を図った。

隊士たちは二人を追い、原田左之助がただちに楠を捕えたという。また井上源三郎が松永を追い、抜刀して背中を割ったが、辛くも逃げ去ってしまったとある。

楠小十郎は、七月前後に入隊した人物で、当時十七歳だったという。また相当の美少年とも伝わる。楠と懇意だったという、壬生郷士八木源之丞の息子の為三郎は、晩年、作家の子母沢寛に楠の思い出を語り、朝、壬生屯所の門前にたたずんでいた彼が、突然原田左之助に斬りつけられるのを見て、恐くなって逃げ出したと伝えている。

その後、為三郎は隊士たちから、楠は長州の間者であり、近藤の命を受けた原田に斬られたと聞いた。門前の水菜畑で四太刀ほど刃を受け、血と泥まみれで昏倒していた楠は、屯所内へ運ばれていったという。

御倉、荒木田、楠の三名は九月二十六日の午前中、壬生屯所内で粛清された。

芹沢鴨の暗殺からわずか十日ばかりあとの惨劇だった。間者としての確たる証拠は見いだされぬまま、三名は殺害され、間者の存在に悩まされていたという近藤勇は「安心」の日々を迎えたのである。

八木為三郎が家人から聞いたところによれば、御倉ら三名の遺体は、その夜、屯所通用門の西門から、密かに運び出されていったという。

運ばれた方向には、芹沢鴨と平山五郎が埋葬された、壬生村共同墓地があった。

芹沢鴨の暗殺に近藤勇らが関与したのは、当時公然の秘密になっていたが、近藤は対外的に、間者らが芹沢鴨の暗殺を担ったと喧伝していたらしい。そして、組織に対して、破格の危機感や損害を与えた間者を、自らの手で一掃したと、外部に印象付けていたようだ。

自ら手を懸けた勢力同士を、敵対関係者として喧伝したのである。

芹沢暗殺に関与しなかった永倉新八は、この外部喧伝にみごとに乗せられ、御倉伊勢武の芹沢暗殺説を信じ込んでしまったようだ。近藤勇が苦慮したように、実際、新選組は組織内に巣くう間者たちには、想像を超えるほどの警戒心を抱いていたのである。

文久三年七月前後に入隊した森六郎という隊士がいる。当時の隊士の総員名が書かれた記録にも名前が認められる、実在していた隊士である。

森は長州出身だったとみられ、間者だと疑われていたらしい。御倉等の粛清直後、近藤が隊士の菅野六郎（後名長岡義則）に森の処断を命じたことが、後年の菅野の証言に認められる。

芹沢鴨を崇拝していた菅野は、森とともに新選組を脱走、近藤の命令は果たされなかった。

名前は残らなかったものの、御倉伊勢武ら三名以外にも、間者として疑われ、組を追われた森六郎のような者たちが存在していた可能性も高い。

白昼、屯所内で三名の隊士が殺害されるという、新選組の歴史の中でも稀有なこの事件で、斎藤一は暗殺剣を放った。

組織内の粛清のさなかに振るわれたこの一撃が、現在のところ、斎藤一が名前ともども語り残された、新選組隊士としての最初の斬歴となっている。

III　新選組四番隊組頭

五番隊組頭斎藤一

五番　江戸　斎藤一　廿一才――

文久三年（一八六三）九月に、芹沢鴨や間者疑惑のある者たちを組織から一掃し、新選組は近藤勇の単独統率下に置かれた。近藤の新選組が発足したのである。

芹沢派の幹部は、わずかに野口健司が残されたが、存在感を失ったまま、文久三年十二月末に切腹させられた。表向きは、規律に反したための処断だったとされる。

新選組を掌握した近藤勇が、真っ先に推進したとみられるものが、さらなる組織編成だった。それまで無任所だった副長助勤と、その下に無作為に置かれていた平隊士たちを、機動的な小頭と小隊編成に整えたのである。

小隊は八基で構成され、副長助勤たちはそれぞれの小頭として、小隊ごとに配置された隊士たちを、めいめいが指揮下に置いた。ここに一番隊から八番隊までの編成が設立されたのだった。

新選組を象徴するこの八番隊編成は、これまで、元治元年（一八六四）冬に策定されたものと考えられてきた。

同年六月の池田屋事件を経たあと、新選組は新たに江戸で隊士募集を行ない、一定の人数を確保する。その上で、さし迫った長州征伐への出戦を踏まえ、新選組は「行軍録」と題する隊士総員を明記した進軍表を作った。土方歳三の考案とみられるその「行軍録」については後述するが、この表で、一番から八番、さらに庶務や行軍の後方を担う小荷駄雑具隊に区分けされた実質九基の小隊編成を、新選組が実施していたことが確認された。

だが、機動的な小隊編成の設立は、元治元年冬よりも、一年余りも遡る時点で完成していたのである。

該当する史料は、会津藩の幕末同時代史料『維新階梯雑誌』から、幕末史研究家の伊藤哲也氏が発掘し、平成二十八年（二〇一六）に、ムック版書籍の『別冊歴史リアル　新選組10人の組長』で、写真発表された。

それが文久三年十二月下旬に認められた、新選組の総員名簿である。

この名簿は、当時新選組に在籍していた、近藤勇以下四十四名の姓名を、それぞれの出身地と年齢とともに明示する。さらに注目されるのは、隊士の名前が一番から八番までの小隊ごとに提示されていることだった。

さらに組頭を担った副長助勤らの顔ぶれも判明した。

一番　沖田総司
二番　永倉新八
三番　井上源三郎

四番　藤堂平助
五番　斎藤一
六番　原田左之助
七番　安藤早太郎
八番　松原忠司

という編成である。

局長の近藤勇と副長の土方歳三は、慶応三年（一八六七）まで続けられたこの八番隊編成で、一番から五番までの組頭を、以後も不変のまま、試衛場ゆかりの者たちに担わせる（原田左之助は、このあと、番外の小荷駄雑具隊を重点的に務めることになる）。

新選組にとって試衛場の同志たちの存在は、際立って重いものとなっていたのである。

ちなみに、七番隊と八番隊の組頭二名は、五月までに、新規で新選組に入隊した者たちだった。

安藤は三河挙母《ころも》藩の脱藩者で、在藩時に奈良東大寺で一昼夜をかけて実施された大仏殿回廊の奉納通し矢に参加した。弓術には抜群の力量を持つ人物だった。

松原は、播磨小野藩の出身で、大坂で北辰心要流の柔術道場を営む。やがて道場を開いたまま、門弟らと新選組に加入した。

いずれも確かな前歴を持ち、剣術以外の武術に優れた者たちだった。多岐武術の集合体・技のデパートとして最強の傭兵集団を目指す近藤や土方にとって、不可欠の身元確かな新規加入者たちである。

安藤や松原は、その後、在隊中に死亡するが、近藤や土方は、新たな組頭を補填するさいにも、特にその人物の経歴と、刀剣以外の武術あるいは学識を、極めて重視したのである。

こうして無条件で組頭に配置される、いわば試衛場閥は、新選組にとって最重要なカードでもあったのである。

斎藤一は、ここに五番隊組頭を担当することとなった。

五番隊の編成は次のようなものだった。

江戸　斎藤一　廿一才
阿波　柳田三次郎　廿五才
尼崎　高（馬）越大太郎　十八才
芸州広島　石川猪（伊）太郎　廿七八位
熊本　小（尾）形俊太郎　廿二三才

斎藤は、四名の隊士を組下に率いたのである。一部年齢に誤認がみられるが、個性的な顔ぶれである。

柳田は、八番隊組頭の松原忠司のもとで長く北辰心要流柔術を研鑽する門弟だった。時に松原と大坂の道場へも出向く二重生活を許されていたが、松原が在隊中に死亡した後、新選組を離れた。明治以降も大阪で柔道場を開き、多数の後進を育てた。

実は当時の柳田の年齢は五十歳だった。この名簿は、当時二十代だった師の松原を「五十才」と認めており、師弟の年齢を違えてしまったようだ。

高（馬）越は、美男と伝わる少年隊士だった。後に副長助勤の武田観柳斎と男色関係を結んだというエピソードが、子母沢寛によって作られたが、信ずるに足りない。

馬越はその武田と、死去した野口健司の埋葬を依頼するため、屯所に程近い、浄土宗寺院の光縁寺に出向いていたことが、同寺の過去帳に記載されている。半年後の池田屋事件の前に新選組を離れた。石川のみは、人物を伝える記録が残っていない。五番隊の要員としては、もっとも遅く新選組に加入したようで、他の三名が記載されるこの年七月前後の総員明記史料に、唯一名前がない。石川の名は東京板橋に永倉新八が建立した新選組の殉難隊士の墓に刻まれており、京都で不慮の死を遂げたものとみられる。

小（尾）形は、学才に秀で、文事において、新選組のブレーンとして長く活動した人物である。のちに副長助勤に昇格し、維新後、会津までも進路を共にした。

年若き組頭にとって、初めての専属の配下たちだった。いずれも西国に出自を持ち、人物的に穏やかな印象がある。彼らもまた、際立って若く、並外れた撃剣の技量を持つ組頭に忠誠心を持ち、日々、傘下で活動していったものと思われる。

この半年後に池田屋事件が起きた時点で、四名のうち、高（馬）越と石川の二名はすでに新選組を離れていた。五番隊の配属者も、短期間で、目まぐるしく異動したものとみられる。

その後、斎藤一は、五番隊組頭から、不動とみられる、四番隊の組頭へと異動することになる。

池田屋事件

池田屋にて三人討ち取り　新選組　奈良新八　斎藤□半——

文久三年（一八六三）八月十八日、公武合体派が御所内の勢力と組んで起こしたクーデターによって長州藩は任務としていた御所堺町御門の警備を解任され、三条実美など長州に近い公家らの御所参内が禁止された。

失意の中、長州藩兵らも西下の途に着いた。また、このあと長州を信奉する諸藩の脱藩者たちも、長州本国へぞくぞくと集結、藩地をベースに起死回生の機会を狙っていた。

公武合体派が主導権をとった京都だが、政局は安定しなかった。長州への処罰や攘夷問題を巡って開催された諸藩主の会議なども成果を上げることはなく、さらに、長州系の浪士たちが、再び京都へ潜入し始めていた。

幕府は市中の町人に対して、徹底した治安遵守を呼びかけた。たとえば文久三年の十二月には、各宿屋に一見客《いちげん》の連泊禁止や宿泊客の人物確認の徹底などを命じる通達が出されている。これもこうした危機意識のあらわれである。

治安維持の任務に従事していた新選組が、長州勢が京都に潜入した事実を具体的に知ったのは、元治元年（一八六四）四月二十二日のこととみられる。

この日、見廻り地域の松原通木屋町で火災が起きた。出動した隊士たちは通行の妨害をしていた不審人物を捕えた。連行して尋問したところ、この男から「二百五十人の長州人が市中に潜伏している」との供述を得た。

これが事実であれば、極めて憂慮すべき情報だった。

新選組はただちに、見廻り地域に住む町人たちに廻状を出し、不審者を発見した折には屯所へ通報するよう呼びかけた。

この時期、幕府から新選組に、担当する見廻り地域が定められていた。

北　蛸薬師通　　南　松原通　　東　鴨川辺　　西　御土居《おどい》
御土居とは、かつて豊臣秀吉が、城塞として京都市中の外縁に張り巡らせた、高さ平均五メートルの土塁を指す。幕末時には、時計回りに南部から北東部まで、六割程度が残存していた。

さらに二日後の四月二十四日には、京都町奉行から、もしも怪しい者を町内で見かけた時はただちに糾問することと、万一、その人物が乱暴に及んだ時は殺害も許可するとした町触れが出されている。

緊急時の町触れの理念は、治安維持勢力にも拡大していった。

六月八日に西郷隆盛は大久保利通に宛てた手紙に「浪人取締のため、守衛の者厳重にあい迫り、手に余り候わば切り捨て苦しからず、人間違いにても苦しからざるお達しあいなり候」との一文を認めた。

史料は残されてはいないが、幕府は五月ごろ、治安維持の名目で、生殺与脱の特権を、新選組や会津兵に与えたらしい。

新選組は監察部門の隊士たちを出動させ、連日、市中の不審な家や店舗、宿屋などの調査を行なった。

その結果、新選組は六月一日に、肥後勤王党の宮部鼎蔵の下僕を、南禅寺付近で捕縛している。宮部は前年の八月の政変で離京した後、密かに再び上洛していた大物活動家だった。

宮部が潜伏していたのは、鴨川に背面する三条縄手の旅宿小川亭だった。活動家を支援する女将のりせにより、安全が確保されていた宿だった。

この小川亭に出入りした志士は（中略）松田重助、宮部鼎蔵、桂小五郎らで、いつも離れ八畳の間を集会所に当てていた。これらの志士が密談にこの座敷を使用している間は、おりせさんは表通りの店先に座って、寸分の油断なく通行人を警戒していたが、少しでも捕吏《ほり》の匂いでもすると離れ座敷に仕掛けてある鳴子を引いて捕吏の接近を予告し、万一取り調べを始めると（中略）何気なく他の者に石を投げさせ、離れの戸に当てるという巧みな非常警報を発して、鴨積へ避難させたという。（『維新の史跡』）

宮部はその後、小川亭を出て、事件当日まで長州藩邸に潜伏した。

在京の幕府勢力にも、日増しに緊迫感が増していた。

六月四日に、肥後藩重役の中山左次右衛門が、京都所司代の松平定敬《さだあき》に面談している。面談前に中山は「近日中」に、洛中に潜伏する浪士の一斉捜索が行なわれるとの話を聞いていた。そこで、この捜索に肥後藩士らも加わるのかどうか定敬に尋ねたのである。これに対して定敬は「それは至極のこと」と中山に答えている（『採襍録』）。

新選組をはじめ、さまざまな方面から寄せられる情報によって、いささか神経質になっていた幕府は、すでにこの時点で行動を起こすことを決定していたものとみられる。

六月七日には祇園祭のハイライトである山鉾巡幸が行なわれる。洛中が喧噪に包まれ、緊張の弛緩するその前後に、幕府は市中の一斉捜索を予定していたのではないだろうか。

六月五日という運命の日の前日までには、すでに朧ろげな道筋はできていたとみるべきだろう。

そして六月五日早朝。新選組は四条小橋の薪炭商・桝屋を急襲し、主人の喜右衛門を捕縛して屯所に連行した。それまでマークし続けた末に、不審人物と判断したのである。

しかし当の新選組は、この時期、極めて退廃的な状況にあったともいえる。

局長の近藤勇は際立つ攘夷主義者だった。将軍の警護を目的に、浪士組として上洛した近藤は、その後は王城の地で攘夷の前線に立つことを望んでいた。彼は現状の市中見廻りを、新選組の暫定任務と考えていたのである。しかし、国を挙げた攘夷という決断が、いっこうに国是として出ない。

将軍の徳川家茂は、前年とこの年、二年続けて上洛していた。将軍上洛という出来事は、三代徳川家光以来、二百年以上も行なわれていなかった一大行事だった。家茂の初上洛の際には京都の町家に、手土産として現金が配られたほどでもある。

攘夷の実を上げるべく実施された二度の上洛は、結果的に無為のままに終わった。

近藤の失望は大きかった。このまま市中見廻りが続くのなら、新選組の解散をも厭わないとする上書を、幕閣に提出していたほどでもある。

しかし新選組は京都の治安維持には欠かせない。要請は当然慰留され、近藤は鬱屈した日々を送らざるを得なかった。また、近藤が当時自ら認めた手紙によれば、当時、屯所の中では男色が流行していたともいう。新選組の消滅直前というような、大変危険なありさまだったのである。

こうした毎日に失望した隊士の中からは、脱走者も現れた。

前年の十二月に作られた名簿に認められた四十余名の中からも、八名ほどの脱走者が続出した。新選組は、六月五日のこの時点までに、三十数名に人数を減少させていたのである。

新選組の脱走者たちは、対峙するはずの長州勢と結託してしまったらしいなどと、町雀たちは噂していた。

京都壬生浪人も、おおかた長州へ加担いたし、わずか三十人ほど、残りおり候評判に御座候。

（六月二十六日付　大久保利通宛木場伝内書状）

このような噂も、近藤をさぞや悩ませたに違いない。

しかし、新選組は留まっているわけにはいかなかった。六月三日ごろの風聞史料には「壬生浪士と唱え、会津お預かり組の浪人ども、いずれも昼夜抜き身にて廻りのやつばら」（『莠草年録』）と、血気盛んに活動する新選組を揶揄するような一文がある。憂鬱な現状を払拭するように、隊士たちは不穏な洛中を廻っていたのだろう。

そして新選組は、桝屋を捕縛した。

桝屋の店内から押収された書類の中には、長州系の反幕府活動家に由来するものが確認され、さらに「烈風を待つ」と記したものも認められた。また桝屋は多量の火薬や武器類などを所持していたことも判明した。

激しい拷問の末、桝屋喜右衛門は自白する。彼は近江出身の活動家・古高俊太郎だった。町人に身をやつし、潜伏中の浪士たちの支援をしていた人物だったのである。

一般に浪士らは御所周辺に火を放ち、混乱に乗じてテロを行なう計画をしていたともいう。

確かに彼らが不穏な計画を編んでいたことは間違いない。ただ、彼らがどこまで計画を推進させ、また新選組や幕府方がどこまで核心を摑めていたかなどは、不分明のままである。

新選組が聞き取った古高俊太郎の自白調書も現存している。ただ、この調書の中には古高が語った、いささか不審な情報が記載されていた。

六月四日、因州家来山部隼太《はやた》参り、申し候には、ただいま大高又次郎方へ参り候ところ、いよいよ近く中川宮を放火いたし候よう相談のところ、急考には未だ時節も少し早く存じ候に付き、暫くのところ差し止め置き候。この刎玉《はねだま》は預かりくれ候よう申し聞き、刎玉一つ預かり置き候。

（『維新前後之雑記』）

山部隼太は、当時因幡国鳥取藩で京都留守居役を勤めていた人物だった。大高又次郎は播磨国赤穂出身で、具足職人に身を代え、古高の桝屋の隣に住まい、活動家の手助けをしていた人物である。池田屋の会合にも参加し、新選組に殺害されている。

山部は、公武合体派の大物である中川宮の襲撃を計画し、池田屋事件の前日に古高と大高のもとを相次いで訪ねたという。古高らは時期尚早として、山部から襲撃に用いる予定の「列玉」を預かったとある。

また、山部を巡っては、同時代史料にこんな風聞も伝えられている。

浮浪掃攘御一挙以前の事に、三条池田屋に因州御留守居のよし、馬上にて参り、半日ばかりもあい滞り候由。

(『元治元年六月尊攘録探索書』)

こうした嫌疑が持たれながらも、山部隼太のもとに、事件後、幕府の査察などが入った形跡はない。山部は生きて維新を向かえ、鳥取県吏となっている。

また、池田屋事件の日に、身柄を狙う幕府方の捜索を辛くも逃れた、長州藩京都留守居役の桂小五郎は、六月十一日に、事件の前後を述懐する手紙を知人に送っている。桂はここに、桝屋から「姦を斃し候」などとした、文久三年十二月に認められた同志たちの「血盟書」が押収された事を伝えた上で、

長州人五百人あまり、浪花へ上がり、百人上仗《じょう》四十人入京、変に応じ洛中放火いたし、一挙いたし候。

(『木戸孝允文書』)

といった「虚説」が、治安側から唱えられていたと伝えている。四月二十二日に新選組が入手した二百五十人の京都潜入情報も、こうした「虚説」に類するものだった可能性もある。

古高が関係人物の具体名を挙げた自供には、今後も検証が必要だが、日増しに増加する洛中での不審者情報は、幕府をいっそう神経質にさせていったようだ。

ちなみに事件から三日後に、古高俊太郎の自白として、幕府が公式発表した彼らの計画は「容易ならぬ陰謀があった。風を待ち、御所の方面を焼き払うことを企て、数十人の徒党を組んでいる」というものだった。この幕府広報は瞬く間に全国に伝えられてゆき、現在全国各地に、古高の「御所方面焼き払い」計画を伝える、同一の文言の地域史料が残されている。

古高が秘匿していた火薬類に、新選組は動揺していた。

二日後の六月七日に開かれる祇園祭の混乱に乗じ、火薬や武器を使ってテロ活動が行なわれることを危惧した新選組は、直属の会津藩に具申に向かった。市中に潜伏する不審者を捕えるための、治安勢力による一網打尽策戦の早急な実施を申請した。

会津藩との間で即座に、手順が組まれることとなる。

一方、桝屋捕縛のニュースは潜伏中の浪士らを動揺させていた。

河原町御池にあった長州藩邸では、ただちに会合が招集された。新選組屯所の襲撃と、古高俊太郎の奪還が声高に叫ばれる中、桂小五郎とともに長州藩京都留守居役を勤めていた乃美織江《のみおりえ》は、宮部鼎蔵や、滞京中だった吉田松陰門下の吉田稔麿に判断を仰ぎ、いったん混乱は収束した。

吉田はこのあと、厳選したメンバーによってなんらかの善後策を練ることを考えていたらしい。それが池田屋の会合とされるものだった。

京都三条小橋から西に七軒目で南面で店を構える池田屋は、長州藩用達の宿屋だった。元禄期の史料にも店名が記される老舗でもあった。

事件当時に池田屋の主人だった入江惣兵衛の子息・重三郎が、事件後に獄死した亡父の贈位を嘆願するため、明治九年（一八七六）に京都府知事に提出した公的文書が現存している。池田屋内部から事件を認めた得難い資料だが、同書によれば、吉田稔麿は午後十時頃に単独で池田屋に現れたとある。

これが池田屋を新選組の突入へ巻き込む端緒となった。

吉田から前もって連絡を受けていたと思われる桂小五郎は、午後八時ごろに池田屋を訪ねたものの、誰も訪れていなかったためその場を離れたと、後年、自書に記している。確かにその時刻には、まだ同志らは召集されていなかったのである。

新選組はすでに午後七時ごろ、めいめい単独で壬生屯所を離れ、出動待機場所となる祇園町会所に集結していた。

当日、町会所に集った新選組隊士は三十四名だった。それまでに頻出した脱走者と、古高の奪還に備え、一部の隊士を屯所に残したため、明らかな劣勢だった。

この劣勢を機動的に運用するため、近藤勇は、出動前に全体の三分化を行なった。これは会津藩から直接指示された「二手に別れ、一カ所に壬生勢三頭にいたし遣わし候よう仰せ聞かれ、もっとも有り難い心得」（『藤岡屋日記』、「近藤勇書簡」）という命令に沿ったものだったとみられる。

八月に新選組に幕府から支給された、池田屋事件の恩賞金の割符リストから、事件当日の三分隊の顔ぶれは、それぞれ次のように考えられる。

○近藤勇隊

沖田総司　永倉新八　藤堂平助　谷万太郎　浅野藤太郎　武田観柳斎　（以下推定）安藤早太郎
新田革左衛門　奥沢栄助
〇土方歳三隊
原田左之助　斎藤一　篠塚峯三　林信太郎　島田魁　川島勝司　葛山武八郎　谷三十郎　三品仲
司　蟻通勘吾
〇井上源三郎隊
松原忠司　伊木八郎　中村金吾　尾関弥四郎　宿院良蔵　佐々木蔵之助　酒井兵庫　木内峯太
松本喜次郎　竹内元太郎　近藤周平

井上隊は土方隊に組み込まれ、合同で行動したが、途中で適宜二手に別れ、それぞれに捜索活動を行なった。

斎藤一は土方の指揮下におかれた。近藤は信頼を置く試衛場閥の六名の副長助勤を三名ずつ、自分と土方のもとに分散させたものとみられる。

結果的に、近藤隊がその後、池田屋で予期せぬ激闘を展開することとなり、斎藤一は、新選組屈指の市中戦で、盟友たちの後塵を拝することとなった。

近藤勇と土方歳三隊は、二手に別れて鴨川の東西に広がる歓楽街を、四条通から北上し、手当たり次第に御用改めを展開していた。もちろん新選組は、池田屋で会合が開かれるなど知る由もない。

新選組隊士が迫り来る中、池田屋に到着した吉田稔麿は、ただちに書状を認め、池田屋に同志たちを呼び寄せた。本人が池田屋に到着してから時刻はまもない。こうして集められた者たちによって、会合が開かれたことを入江重三郎の文書は明記している。

あるいは新選組は、池田屋の近くで偶然入って行く者たちを確認し、会合を知ったのかもしれない。

近藤隊と土方隊は、まず、四条通の東限になる祇園社の前から、四条通を西進していった。土方隊は途中の縄手通で、北へ折れたとみられる。縄手通は、またの名を花見小路ともいい、料亭や宿屋の並ぶ歓楽街になっていた。

いっぽう、土方隊と別れた近藤隊は、さらに四条通の捜索を続け、四条大橋を渡った後、高瀬川ぞいの木屋町通で北に折れ、店屋や宿屋を調べながら、北上していった。

この日新選組は、捜索を続けたあと、北の二条通から下ってくる会津兵たちと、三条通付近で合流することを、前もって定めていた。

近藤隊は総勢十名、土方隊は井上隊とあわせて二十四名である。いずれ合流する会津勢は、なによりの援軍になるはずだった。

しかし、この日、会津藩の上層部は混乱していた。重臣たちの中に、この夜の行動を危ぶむ声が出ていたのである。

この出動によって会津と長州勢との間に、禍根を残すことになるのを老臣たちは危惧したのだった。こうした状況下で、町会所には会津藩からの出動開始の報は、いっこうに届かなかった。しかし、一刻の猶予もない状況下だった。待ち切れない近藤勇は、会津藩と定めていた出動開始時間を前に、町会所から出撃していったのである。

不安を感じながら、隊士たちは御用改めを展開したことだろう。町会所から会津藩との合流点となる三条通までの、約一・三キロの担当区域を、二時間半をかけ、綿密に捜索し続けたのである。普通に歩けば、両区間は三十分もかからない。

土方隊は、この捜索で祇園の料亭越房《えつぼう》を早々に探索したことが史料に示されている。前年十二月に、斎藤の指揮する五番隊に配属されていた石川伊太郎と馬越大太郎はすでに新選組を離れ、高齢の柳田三次郎と、文人の尾形俊太郎は長州勢による古高俊太郎の奪還に備え、壬生屯所に残留していたものとみられる。

信頼を置く配下の者たちがすべて不在となった出動は、若い斎藤一に、いささかの違和感をもたらしたかもしれないが、反面、自在な活躍をするためには、好機になったかもしれない。

斎藤は越房をはじめ、立ち入った料亭や旅宿へ積極的に突入し、探索を実践していったことだろう。

先述したが、池田屋の主人・入江総兵衛の息子の重三郎が、新選組が突入するまでの池田屋内部の様子を綴った記録を書き留めていた。重三郎は、午後十時半頃に、単独でやってきた吉田稔麿が、池田屋から文書を認めて招集した十三四名の者たちによって、会合は開始されたと明記している。

近藤勇は手紙に、新選組が池田屋に到着した時刻を書き残しているが、入江重三郎の伝えた会合の開始時刻は、近藤が池田屋に到着した時刻とほぼ一致していた。

当時の京都では、午後八時過ぎには、区々の木戸門が閉められ、不審人物への注意が町人たちに呼びかけられている。そのような時刻に十三四人の浪士が、次々と宿屋に入っていく姿は、ひどく目についたと思われる。

何の収穫もないまま、木屋町通を進んできた近藤隊は、三条小橋の付近で、近くの池田屋に続々と入ってゆく浪士たちを偶然に見てしまったのではないだろうか。突入する前から新選組には、池田屋の中に異常な気配があることを察知できていたのではないかとも思われる。

明治年間とみられる時期に、三条小橋東詰から池田屋方面を撮影した写真が残されているが、三条通の道幅は、現在の半分程度だったことがわかる。池田屋は橋から西に七軒目に建っていた。二階の異変は、外からも察せられたであろう。

池田屋は表が三条通に面し、裏は庭から高瀬川に伸びた水路へとつながっていた。そして二階建ての旅宿である。

一カ月以上にわたり、新選組は不審な店などを細かく調査していた。池田屋は長州の用達店だったため、あらかじめ、チェックだけはしていたらしい。しかしここに十数名が集まり、会合が開かれていることなど、隊士たちは知りようはずもなかった。

近藤勇は、内部へ突入する者として、自分のほかに三名の隊士を選出した。沖田総司、永倉新八、藤堂平助である。いずれも新選組結成以来の大幹部で、剣の力量も抜群のメンバーだった。

ちなみに、この三名は浪士組応募時の身上書に、近藤勇宅に同居していることを自己申告した、かつての居候たちでもあった。

さらに近藤は谷万太郎と浅野藤太郎、武田観柳斎の三名を表口の備えに置いたと思われる。谷は、幹部の三十郎の実弟で、当時大坂で撃剣道場を開きながら新選組で活動していた剣術家だった。

また、あくまでも推測となるが、近藤は安藤早太郎、奥沢栄助、新田革左衛門の三名を、水路に連なる裏庭の備えにあたらせたものと思われる。

結局新選組は四名が攻撃、六名が防御を担当する布陣となった。

近藤勇は、沖田、永倉、藤堂をともない、御用改めのため、池田屋に入っていった。そして、階段を上がり、二階に集まっていた活動家らの前に立ちはだかったのである。

永倉新八は筆記の『浪士文久報国記事』で、近藤勇が当初、このように告げたと綴っている。


御用御改め。手向かいいたすにおいては、容赦なく切り捨てる京都に不審者の潜伏が頻出したため、新選組や治安維持勢力らには、抵抗者への殺害許諾が、幕府から伝えられていた。近藤の言葉は、まさに理念に沿ったものでもある。

直後、一人の浪士が抜刀して突進してきた。これに立ち向かったのが、沖田総司で、この男を有無をいわさず斬り捨てている。しかし、沖田は直後に倒れ、戦線を離脱した。

この四年後に沖田総司は、肺結核によって夭折する。ただ、この池田屋事件時には、まだ感染あるいは病気が進行していたとは考えにくい。この日の離脱は、過酷な暑さに祟られたためとも思われる。

事実、池田屋事件から半月ほど後の六月下旬、京都に進攻する長州勢への警戒のため、沖田が隊士たちと炎天下の鴨川の九条河原に立っていたことが、新選組と交流した西本願寺の寺侍の西村兼文が認める同時代史料『甲子戦争記』に示されている。池田屋での昏倒によって結核と判定されたなら、近藤や土方は、沖田を長期間、静養させたに違いない。

新選組は、緒戦の段階で、重要な戦力を一人失ってしまった。同時に戦いの場は、二階から一階へと移動する。逃げる浪士たちを追って階段を下った三人は、すぐに一階での持ち場を定めた。表口から台所を永倉、奥の間を近藤、庭先に向けては藤堂という配置を組んだのである。

そして、脱出を試みる浪士たちと斬り結びながら、捕縛を前提に、室内を中心とした戦いを展開していった。

かつて池田屋から三条通りを隔てた斜め前に「萬屋」という旅館があった。この店は昭和三十年代頃まで建物が残されていた。

萬屋の内部を見学した作家の尾崎士郎が、昭和十九年（一九四四）に著述の『勤皇史跡行脚』で、こんなエッセイを残している。

昔の池田屋はすでに改築されて「佐々木」という別の宿屋になっている。今は入り口も洋風に変わっている（中略）

私の泊まったのはその筋向かいにある「萬屋」という宿屋で、その入り口の構えが、昔の池田屋を髣髴するものがあるといわれている。三条小橋の通りには宿屋が軒を並べ、今は道幅も相当に広いが、昔は、むしろ小路というべきものであった。萬屋は二百年以上も続いて、本館のほうはほとんど原形を残したままであるが、階段をのぼると昔風の中階段があり、どの部屋も蒼然たる古色を帯びている。それにおそろしく天井の低いことがすぐ眼につく。ここで乱闘があったとしても、刀はすぐ天井につかえてしまうであろう。勤皇志士の方には腕に覚えのある剣客が揃っていながら、終始受け身で、いかに会津藩士が宿屋の周囲を固めていたとはいえ、（新選組に）七人が殺され、残る十数人がほとんど戦わずして逮捕されたということも、極端に地の利を得なかったためであると見るほかはない。

『人生劇場』の著者は、内部の空気感も伝わるような名文で、萬屋のたたずまいを書いていた。天井の低い室内での苦しい戦いを、もっとも中心的に受け持ったのが奥の間の近藤勇だった。近藤はすさまじい気合いとともに、自分自身や同志たちを鼓舞していたと伝わっている。

しかし、懸命に脱出を試みる者たちの迫力も、すさまじいものだった。彼らが集中した裏庭が、最大の修羅場になったらしい。付近にいた藤堂平助は、垣根際から額に刀を浴び、沖田同様、戦闘不能状態に陥っている。

また、ここを固めていたと思われる安藤早太郎、奥沢栄助、新田革左衛門の三名も、すさまじい攻撃にあったらしい。奥沢はほぼ即死、安藤と新田は、この刀瘡がもとで、のちに死亡している。

永倉新八と近藤勇は、それでも激闘を続けていた。また谷万太郎ら、表口を固めた隊士たちも必死で戦っていた。永倉は右掌に重傷を負ったが、縦横に戦っていたようだ。

ところで、抵抗してきた者たちに、新選組が刀（槍）の照準を定めたのは頭部だったらしい。

久留米の活動家・淵上郁太郎が、池田屋事件の約一カ月後に、父親に送った手紙の中に、興味深い一節が登場する。

淵上は池田屋の会合に参加していたことが第三者の記録にも綴られている人物だった。また淵上はこのあと、幕府に捕縛されて転向し、新選組への協力も行なっている。

淵上郁太郎には謙造という実弟がいた。謙造は兄の郁太郎とともに池田屋に赴き、揃って新選組の突入に遭遇したのである。

おそらく池田屋の会合に参加した人物が綴ったものとしては唯一の記録と思われるが、郁太郎は、謙造が、池田屋で受けた負傷を綴っている。


謙蔵儀も同様のことにて、先頃（池田屋の変なり）頭上に少々手負い仕り候えども、格別のことにもこれ無く候あいだ、もはや快気致し……

（『渕上兄弟』）


謙造は、さほどの重傷ではなかったとみられるが、挙動が不自由な場所での戦いで、新選組は確実に相手を倒すため、重点的に頭部を狙っていたのかもしれない。

満身創痍状態の近藤勇隊には、幸いその後、土方歳三隊が合流した。縄手通を三条通まで上り切ったあと、土方らは三条大橋、そして三条通を渡り、激戦が展開していた池田屋へ到着したらしい。

土方はここで、中の近藤らを応援させるために、十名を池田屋内に入らせた。土方隊に属した九名と井上源三郎である。土方本人は、井上が率いた隊の者たちを預かり、脱出者の捕縛に備えたものとみられる。

想定外の変事に際し、土方は試衛場ゆかりの新選組の中心人物を、すべて現場に向かわせたのである。

土方隊の斎藤一もまた、遅れて池田屋に踏み入った。

近藤隊に配置されなかったため、時間差をおいて池田屋に入った斎藤が、どのような活躍をしたのかは伝わっていない。だが、当日の斎藤の片鱗を伝えるものとみられる同時代の風聞史料が、わずかに残されていた。

一、池田屋にて三人討ち取り。　新選組　奈良《ママ》新八　斎藤□《ママ》半

一、新選組十五人、池田屋に入り込み、浪士　五人死す。外に人足召し捕り。

『御霊祭』と題した同時代史料が伝えるものである。「奈良新八」は永倉を示すものとみられ、各種資料などから、彼が池田屋で活躍したことは間違いない。

続く「斎藤□半」が、特に注目される。名は判然とせず、姓のみが一致するが、当日出動した新選組で斎藤姓の隊士は、一の外にはいない。斎藤一の誤記ではないかとも考えられる。

永倉が当初池田屋内で二名、合流後の屋内の戦闘で斎藤が一名、あわせて三名の浪士を斬ったと理

解できるようにも思われる。

捕縛のため、時間をおいて入った池田屋で、いったん身を隠していながらも、斎藤を見て抜刀し、向かってきた浪士を斬ったのだろうか。三条小橋池田屋に斎藤一が残した、たった一つの爪痕だったのかもしれない。

重鎮だった肥後の宮部鼎蔵は、池田屋の室内で切腹して死んだと伝わっている。さらに中心人物の吉田稔麿は、翌朝、長州藩邸の近くで遺体で発見された。池田屋の集会を整えたあと、新選組の突入前に、いったん、池田屋から外へ出たらしい。しかし、そのあと襲撃を知って引き返す途中で、討たれたとみられる。

当初、市中捜索への出動に際し、意見を錯綜させていた会津藩も、その後、遅れて出動を開始していた。屋外で吉田稔麿を斬ったのも、こうした会津兵たちである。やがて幕府の各勢力によって、池田屋周辺ばかりではなく、随所で、潜伏中の不逞浪士らが深夜の路上にあぶり出され、捕殺されていった。

池田屋の捜索が落ち着いた後、隊士たちは、会津藩などの応援要請を受け、遊軍のような立場で、市中随所へ飛んでいった。疲労度も比較的少なかったであろう斎藤一も、隊士を指揮して奔走したことだろう。新選組は池田屋以外でも、何人かの不逞浪士を捕えている。

捕縛した者たちは直接、新選組の屯所へ運ばれたとする記録もある。新選組にとって、大きな成果となった。

翌朝、四条通や河原町通には、不逞浪士らの遺体が多数散乱していた。血塗れの姿だったであろう新選組は、整然と壬生屯所へ凱旋していった。

そのさなかに、あるアクシデントが起こっている。明治三十五年（一九〇二）に、京都人の中沼精蔵が、池田屋事件の後に捕縛され、獄死した活動家の西川耕蔵の子孫の太治郎に語ったものである。

我が家に出入りする十津川郷士に中井庄五郎という勇壮の人あり。途に新選組の凱歌を奏して池田屋を引き揚げるに逢いましたから、我が家に奔り込み、注進に参りました。

曰く、只今三条通りにて壬生浪士に逢いましたら、私もまた池田屋の仲間と見しか、一壮漢はジット自分を睨み付けました。よって私ももし彼より斬ってかからば、これに応ぜんと身構えをいたしたところ、一人の首領らしきが手を振り、これを制しました。ついに睨み合いで別れたゆえ、取り敢えず急報いたすとの事でした。

（『西川正義』）

さきに触れたが、十津川郷士に中井庄五郎という人物がいる。後章でも触れてゆくが、この人物は斎藤一とは奇縁のような関わりをもつ、反幕府活動家の一員だった。

池田屋から引き揚げの行軍中という、新選組にとってかなり劇的となる場面に中井庄五郎は遭遇していた。

そこで彼は一人の隊士と睨みあったのである。

隊長格の人物が制止したため、不測の事態にはいたらなかった。この時、中井と睨み合った隊士が、斎藤一だったなら、その後の因縁の端緒がここに生じていたのかもしれない。制止したという首領らしき隊士とは、実際のところ土方歳三だったのだろうか。

六月七日、混乱の覚めやらぬ中、祇園祭の山鉾巡幸が開催された。テロを警戒し、新選組や会津兵らが厳重に警備を敷く中を、山鉾が進み、その美麗さに京雀たちは酔った。

また、事件の報はただちに全国へと拡散していった。国許にいた桂小五郎の養子の勝三郎は、六月十五日、叔母宛の手紙に、

過ぎる五日の夜、京都にも些度の変動これあり、藩中の者も三人即死これある様子に御座候。右に就いて、今度は皆々一応、京都へ討ち入る覚悟に御座候。
（『木戸孝允関係書簡集』）

と綴っている。

京都でのただならぬ異変を届けられた長州本国では、間髪を入れずに激しい憤怒の念が生まれていったのだった。

池田屋事件の大戦果によって、近藤勇と新選組の名前は否応なしに喧伝され、不逞浪士を討伐する集団として高揚した。

事件のわずか半月前、幕府の重役に、市中見廻りの毎日に疲労するあまり、新選組の解散をも厭わぬとする要望書を上書した近藤にとって、予期せぬ事態になった。彼の目指していたものは諸外国に対する攘夷活動だったからである。

事件後、新選組には幕府から召し抱えの要請があった。しかし、自由な立場での攘夷の実践に拘《こだわ》る近藤は、要請を断固として断った。近藤はまだ当面、それまでのポーズをとり続けざるをえなかったのである。

しかし池田屋事件で新選組が手に入れた栄誉は、近藤の強い夢想を粉々に打ち砕いてしまう。新選組はその後、勢力を二倍増、三倍増と徐々に高めながら、これまでどおりの御用改め活動に、いっそ

う従事し続けなければならないことになるのである。

桂勝三郎がいみじくも記していたように、池田屋事件で被った傷口は、同志を撃たれた長州勢に、新選組や会津藩をはじめ、この夜に治安維持活動を担った勢力は決定的な敵であると認識させた。

事件後の六月七日、五条大橋東詰近くの問屋町の民家に、不逞浪士による檄文が掲示された。「天下雄士」の名で書かれた文面には「長藩召捕」を怒り、一橋慶喜に対して「遠からず旅館に天火加えるべくものなり」とテロ活動の予告が提示された。

また翌日には、五条大橋北側の擬宝珠《ぎぼし》に「誠義雄士」の名で、同じく「長藩召捕」を恨み、天誅活動を予告する檄文も貼られている（『名張藤堂家文書』）。

こうした些少な反発の動きは、瞬く間に大河の流れとなっていく。

八月四日、斎藤一は幕府から池田屋事件の恩賞金として、金十両、さらに別段金として七両の授与を得た。

世間に喧伝されていく最強の治安維持の傭兵集団の幹部として、二十一歳の青年の威名も、日毎に洛中に浸透していったことだろう。

禁門の変と長州僧

人数の百万人も得候ようの心地になられ…大いにお力に思し召され候——

池田屋事件の悲報を受け、六月十五日から、長州本国では藩兵の京都進発が開始された。とりわけ吉田稔麿と杉山松助という、吉田松陰の門下だった二名の藩士が、会津勢らによって討たれたことが、彼らの沸点となったのである。

前年の八月十八日に起きた御所内のクーデターによって、京都から政治的な立場を失っていたことを根源とする長州勢の憤怒のエネルギーは、すさまじいものがあった。

やがて大坂に集結し始めた長州軍の入京を警戒し、幕府勢は京都へ通じる街道などの警備に就くことになる。

新選組は二十四日から、会津藩とともに鴨川の九条河原で警戒の陣を張った。

永倉新八の『浪士文久報国記事』は、この折の指揮官たちを次のように記している。

> 新撰組局長近藤勇、副長土方歳三、病気に付き引き込み居り代わり山南敬助、副長助勤病気に付き引き込み居り代わり沖田総司、永倉新八、藤堂平助、斎藤一馬《マヽ》、井上源三郎、軍事掛り武田観柳斎、諸士調役山崎丞、島田魁、林信太郎、小荷駄方尾関弥四郎、川島勝司、惣勢二百人。

「二百人」とは過剰に過ぎる。当時の在隊者は池田屋事件の時から変わらない四十名ほどだった。

永倉は、この折に二名の病欠者があったとしている。

土方とともに副長を担っていた山南は、前年晩秋に、大坂の呉服商岩城升屋に押し入った浪士と斬り合い、かなりの重傷を負っていたらしい。以後、公務からは引退状態となっている。

沖田については、西本願寺の寺侍だった西村兼文が、警備担当地の九条河原で「近藤勇、土方歳三、武田観柳、長倉新八、沖田惣治を始として五十人」の新選組隊士を目撃したと、同時代史料の『元治甲子戦争記』に綴っており、池田屋での疲労が癒えた後、体調を見て九条河原に出陣したものとみられる。

斎藤一も隊士たちを指揮して、猛暑の九条河原に日参していたようだ。

長州軍は、その後、山崎や嵯峨、嵐山などに陣を進め、上洛の機会を窺っていた。池田屋事件の悲報に突き動かされた彼らが、この上洛の目的に置いていたのは、前年の八・一八クーデターで受けた処分の撤回だった。一年近く抱えてきた苦衷を御所へ平和裡に訴えるのを主眼に置いたのである。

京都の外縁からの相次ぐ嘆願にも活路が開かれることはなかった。許諾を受けぬまま、長州軍は、七月十七日より、御所へ向けて動き始めた。

やがて十九日の早朝に、進行してきた長州軍は、一行の進入を阻むため、御所周辺で警護に就いていた会津軍や薩摩軍と衝突する。「禁門の変」、あるいは激戦地の名をとって「蛤御門の変」と呼ばれる騒擾事変だった。

その日、新選組は九条河原から御所へ向かっている。会津藩の「藩庁記録」によれば、新選組は「十九日昼以前、御所へ来る。召し捕り者などに居働いたす」とある。

この日、新選組の行動は後手に回っていた。すでに戦闘が終幕に向かっていた段階で御所に到着した新選組は、会津兵を応援して、御所西側の日野邸に出動し、同所に潜伏する長州軍の追捕活動などにあたった。

永倉新八は、複数の記録に、十九日の新選組の行動を記述しているが、日野邸を中心に奮闘した副長助勤として、井上源三郎と原田左之助の名前を挙げており、斎藤一については沈黙している。

諸書にはほとんど紹介されていないが、実は十九日の午後、御所の外で確認された新選組隊士たちがいた。

明治三十三年（一九〇〇）九月から十月にかけて、現在の『京都新聞』の前身となる『日出新聞』に「甲子兵燹《へいせん》」と題した連載記事が、三十四回にわたって掲載された。三十七年前に勃発した禁門の変の実体験を持つ在京の人物たちを取材し、その肉声を紹介した貴重な記録である。

この連載の中で、京都府会議員の高橋正意が「落武者物語」と題する筆記を寄稿していた。

当時高橋は、三条通東洞院東入ルに位置する菱屋町に住んでいた。七月十九日には、早朝から頻《しき》りに砲声が鳴り、御所での戦争が勃発したとの風説を聞いた高橋は、不安の中、路上に水を撒いていた。すると、数人の鎧武者がやってきた。

午前八時ごろのことである。

飲水を望んだため与えると、高橋はいきなり興正寺の場所を尋ねられた。やむなく、家の小者に道案内をさせ、一行を寺に向かわせた。

めいめいは高橋の屋敷に、甲冑や鉄砲、「長州金剛隊」と記して、各自の姓名も書いた袖印などを残していった。それぞれの姓名から見て、全員が還俗して軍に加わった、長州の僧侶たちだとわかった。

杉原村の園楽寺杢渓と下僕の杢英、阿部の泉福寺恵定、真倉村の覚成寺園暁、本山村の西方寺安丸、大内村在の大心の六名だった。

午前十時ごろ、興正寺から高橋家に使いが訪れた。高橋は使いの者たちに、一行が残していった甲冑や銃を渡している。

やがて正午過ぎ、高橋のもとに意外な者たちが現れた。

　同日正午頃、本願寺に屯集せる新選組五人、余の宅へ突然来《きた》せり、興正寺のことを尋問せり。興正寺へ往きたる旨を告げければ、子細なく立ち帰りたり。（「落武者物語」）

高橋正意は、新選組にも関心を持ち、「落武者物語」を記した六年後には、当時存命していた隊士の近藤芳助と文通も行なっている。新選組が西本願寺に屯所を置くのは、この翌年の慶応元年（一八六五）のことで、この部分は誤認とみられるが、新選組を知る高橋が目撃した五名の人物は、隊士たちと見て間違いないように思われる。

一行が高橋邸を訪れたとき、新選組は九条河原から御所に移動してきていた。すでに戦闘はほぼ治まっていたため、一小隊の隊士が、なんらかの報知を受けて、急遽、興正寺に入った不審な者たちの追及にあたっていたのかもしれない。

永倉の復数の記録には名前のない斎藤が、御所から離れ、脱走者の探索に従事した可能性も少なからずあるように思われる。彼は四名の組下の隊士とともに高橋正意と応対したのかもしれない。

興正寺に落ち延びた六名は、その後、同寺のはからいで、法主とともに醍醐の三宝院へ移った。だが、幕府の追及は厳しく、彼らの身柄は押さえられ、政治犯収容所の六角獄舎へ収監された。

高橋正意は、六名の収監は「二十一日午前」に「会衆新選組等数十人」が「醍醐に出張」して行なわれたとする。しかし、新選組はその日、山崎の天王山に出動しており、醍醐三宝院に出向くのは不可能である。

また出典未詳の別種記録には、六名の収監日は七月二十六日ともある。

新選組は二十六日には総員が壬生におり、醍醐への出動は可能だが、「二十一日午前」の出張に関しては、高橋の誤認である。

なお、収監された六名の長州僧のうち五名は、慶応元年のうちに獄死し、小物の大心は目を患った末、慶応三年に死去した。

禁門の変を経て、新選組は、長州軍の拠点の一つとなっていた山崎天王山に出陣した。会津藩らと合同し、長州軍の掃討戦を目指したのである。

新選組は、二十一日に掃討戦の先鋒を拝命した。真っ先に山中へ突入する任務である。近藤勇は、池田屋事件時と同様に、隊士を二分し、天王山の攻略隊と、山下の固めを担う後詰隊を編成した。『浪士文久報国記事』によれば、攻略隊は「局長近藤勇、副長助勤永倉新八、斎藤一組下四十人ほど」で編成されたとされる。

「四十人」はオーバーで、半隊の二十人余りが振り分けられたとみられる。斎藤は、永倉とともに近藤を補佐し、決死の覚悟で山中戦の指揮を執ったのだろう。

山中を進む新選組に向けて、一時発砲があったが、すぐに音は止んだ。やがて新選組は、長州軍の重鎮だった久留米の活動家の真木和泉以下、長州軍に所属していた多数の自刃遺体を発見する。総勢十七名だった。

目立った戦闘もなく、新選組の山崎出張は終わった。不完全燃焼を自覚したものか、新選組は会津藩に、長州軍追討のため、大坂方面への出動を懇願し、許諾される。

二十二日に着坂した新選組は、二十五日に壬生へ戻るまで、不審者の捜索や、長州軍が遺棄した武具類の押収など、さまざまな活動を行なった。一部の隊士は、遠く一橋領の滝山村（現兵庫県川西市）まで足を伸ばし、不審な長州系僧侶の捕縛にあたっている。

この出動時、大坂町奉行所は一時的に、新選組の市中見廻りを認めた。その際彼らに拝謁した大坂城代の松平信古《のぶひさ》が、新選組に破格の言葉をかけていたことが、新選組を案内した会津藩士の手紙に記されている。

（城代は）人数の百万人も得候ようの心地（に）なられ候ご様子にて、大いにお力に思し召され候よしに候。

（『幕末会津藩往復文書』）

一時的な市中見廻りの認可は、大坂での幕府最高指揮官からの破格の労いとともに、かの地での新選組の勢力や存在感の拡張に、大きな足がかりとなったのである。

この出張時の斎藤一の動向は伝わっていないが、幹部の一人として、城代からのリップサービスを受けつつ、あわただしい日々の中で、新選組が確かな足跡を連ねてゆくのをしかと認めていたに違いない。

二十六日に行なわれたと思われる、醍醐での長州僧たちの身柄確保には、果たして斎藤一も出動したのだろうか。

近藤勇糾弾事件

近藤が一ヶ条にても申し開きあい立たば、我々六名は切腹してあい果てる――

池田屋事件と禁門の変、続く天王山攻略と大坂での公務といった多忙な日々を経て、斎藤一は、新たに編成されたであろう五番隊を率い、さらなる活動に邁進していたとみられる。

そのような折、新選組では、組織そのものを揺るがすような出来事が起きていた。永倉新八の晩年の回想をもとに編まれた「永倉新八」にのみ、伝えられた事件である。

芹沢鴨とその一派を排除し、新選組を単独で統治するようになってから、近藤勇は往々にして、独断で身勝手な振舞いを見せるようになったという。時に、同志であるはずの隊士を家臣のように扱い、反発した者には刀を向けるようにもなったと、「永倉新八」は伝えている。

その結果、隊士たちの不満は昂じ、新選組は「壊裂をきたす」状態にまでなっていったという。

本人と接触した人物が残した複数の資料には、一様に、近藤勇は、温厚な性格だったと記されている。ただ、時に我を失い、独善的な振舞いをすることがあったようだ。

前年の四月、黒谷の会津本陣での上覧稽古後、最高指揮官の松平容保から、隊士たちの技量を絶賛されたことから、近藤は慢心するあまりに舞い上がったり、忘我したりした。そのあげく、斎藤一らの同志を不快にさせ、ひどく苦悩させたとみられる。こうした出来事も、近藤の資質に起因していたと考えられる。

池田屋事件以降、新選組の名が世間に高まったことが、近藤の弱点を刺激したかもしれない。永倉新八が伝えるような、隊士たちの生死にも及ぶような過激な振舞いをすることはなかったにせよ、新選組を巡る状況の変化が、時に局長の近藤を増長させるようになってしまったのだろうか。状況を危ぶんでいたのは永倉当人だけではなかった。斎藤一や原田左之助らも同じ思いを持っていたという。

前年の四月、近藤が慢心の末に不穏な態度を見せた際、斎藤一は、その苦衷を土方歳三や沖田総司らとともに、信頼する井上松五郎に、直接訴えていた。師匠の態度や有り様に対して、真剣に悩み、心を砕く青年だったのだろう。そして、彼は再び、師匠の異変に動揺し、真剣に悩んだのである。

前年の異変の時に動いたのは、近藤が居場所とした、天然理心流を基幹にした試衛場の同志たちだった。しかし、今回動こうとしているのは、試衛場でも外郭にいた原田や永倉といった同志たちだった。

前回の異変は、あくまで近藤自身に起因する、本人の性格に限った問題だった。だが、今回は組織へも波及しかねない。予測不能の変化を起こす可能性もある。

近藤とは近しい土方や沖田が、危惧すらしない段階で、試衛場の「外様」たちは、傷口が広がる前に、立ち上がろうとしていたのかもしれない。

再び苦慮する斎藤一は、永倉以上に師匠の近藤を敬愛していたのであろう。

副長助勤である三人の行動に、さらに三人の隊士が賛同していた。「永倉新八」によれば、尾関政二郎、島田魁、葛山武八郎の三名である。島田と尾関は文久三年（一八六三）前半の、組織の草創期の加入者だった。葛山は元治元年（一八六四）前半に入隊し、池田屋事件にも出動していた。確認する史料はないものの、尾関以下の三名はそれぞれ永倉、斎藤、原田の指揮する各小隊に配属されていたのかもしれない。

元治元年八月のことと思われるある日、六名は行動を起こした。

新選組を脱退する覚悟をした上で、近藤勇を糾弾する「非行五ヶ条」と題した上書を作成、これを持って黒谷の会津本陣に向かったのである。

本陣では六名を、公用方の小林久太郎が応対した。斎藤らはこのように伝えたという。


右五ヶ条に就いて、近藤が一ヶ条にても申し開きあい立たば、我々六名は切腹してあい果てる。もし近藤の申し開きあい立たざるにおいては、速やかに彼に切腹を仰せ付けられたく、肥後侯（松平容保）に然るべく取り次がれたい。

（「永倉新八」）


発言はあくまでも永倉の回想によるものだが、近藤を糾弾した斎藤らは、どちらかの死を見据えて、行動を起こしたという。きわめて過激な計画だった。

もちろん公用方は仰天した。一同の意志はすぐに松平容保に取り次がれ、拝謁の場が整えられた。容保は斎藤らに次のように語ったという。

その方どもの申すところ、一応はもっともと承った。しかし新選組は何人《だれ》が組織いたしたか。近藤、原田、永倉などの申し合わせでできたものと存じおる。今日限り解散いたしたとあっては、預かりおく予の不明に帰するであろう。篤と考えて宜しかろう。（「永倉新八」）

この言葉に永倉や斎藤は打たれた。会津侯の迷惑となっては申し訳が立たないとして、すぐに屯所へ戻ると詫びたという。

決意だけが奮い立った行動は、組織の最高指揮官の容保の一声でおさまったのである。納得した容保は彼らに、このたびのことはこの場限りにし、口外しないようにと念を押した上で、黒谷に近藤を招いた。そして斎藤ら六名と近藤に酒を振舞い饗応した。和解の労がとられたのである。

こうして事件は決着したのだった。松平容保からのいわば天の声は、新選組に圧倒的なものだった。屯所へ戻る彼らの前に、突然、隊士の武田観柳斎が現れ、「拙者の首を打たれよ」と両刀を投げだし、土下座をしたと「永倉新八」は伝える。軍学家としても知られた武田は「欲なる男」（「新選組金談一件」）など、複数の記録に悪評が伝えられる男だった。

平素武田は、かねがね「新選組は既《もは》や貴殿の所有である。我々は臣下として仕えるでござろう」などと言って近藤に取り入っていたという。今回、永倉らが起こした行動は、自身が過剰に近藤を持ち上げたことに起因するものと考えた武田は、捨て身の行動を取ったようだ。

「永倉新八」は、武田のこの行動が「永倉らの憤怒を解いた」とも認めている。

武田観柳斎は斎藤一にとって、さらに関わりを残す人物だった。後項で紹介したい。

一時は互いの生殺与脱にまで波及しかねなかった出来事は、こうして収束された。真剣に苦悩した斎藤一も、当座は安堵したことだろう。

だが、近藤勇は、新選組の分裂にもつながりかねない、予期せぬこの行動を、決して許さなかった。

結果的に、一人の隊士が命を落とすこととなった。葛山武八郎である。

一件が落着して間もない、元治元年九月六日に、近藤勇は上洛後初めて、江戸へ帰還した。隊士募集と、幕府への折衝を兼ねてのものである。

近藤はこの帰郷に永倉新八を伴った。永倉は松前脱藩の経歴を持つ。同藩藩主の松前崇弘は、当時老中職に就いていた。近藤は江戸での政治活動に、永倉の過去の履歴を利用しようと考えたらしい。

永倉は、斎藤らを巻き込んで起こした造反行動の首謀者だった。本来なら責任を負わせ、処分を下さねばならない。

だが、江戸での政治活動は、処分に優先された。

結果的に永倉には京都に帰着した後に改めて謹慎処分が下されている。

そして葛山武八郎である。

行動を起こした六名の中で、もっとも新参の隊士だった。当時まだ、新選組を象徴する、武士道を奉じる四カ条の規律は成立してはいなかったが、このたびの局長や組織を批判する行動は、見過ごされるものではなかった。さらに事に際して、組織の最高指揮官である松平容保を介入させ、その手を煩わせたことも重視されたことだろう。

葛山は元治元年九月六日に死亡し、遺体が新選組隊士たちを埋葬する壬生の光縁寺に葬られたことが、同寺の過去帳に記載されている。また、永倉が後年認めた隊士名簿の「同志連名記」は、葛山の死因を「切腹」としている。

葛山の死亡日は、近藤が永倉らを伴い、京都を出立した当日でもあった。

近藤に代わって局長代理として新選組を預かる土方歳三は、葛山に一連の出来事の責任を委ねる形で処断したものと考えられる。

永倉に呼応する形で行動を起こした斎藤一にも、あるいは謹慎処分が与えられたかもしれない。近藤勇は、この一連の出来事を、以後も肝に命じていたことだろう。新選組にはその後、伊東甲子太郎の率いる新たな勢力が加わり、組織もさらに拡大していく。こうした中で、近藤は慎重に組織を束ねていくことになる。

彼が今一度、同志の前で独善的な発言をするのは、この四年後、帰東後のことである。それは新選組を瓦解に導く、救い難い爆裂弾ともなった。

新選組四番隊組頭

兵は東国に限り候――

永倉新八のほかに、学者肌の武田観柳斎と尾形俊太郎を伴って、江戸に下った近藤勇は、政治折衝を行なう傍ら、新選組の隊士募集を行なっている。

池田屋事件で試衛場の同志たちが奮闘したことを重視した近藤は「兵は東国に限り候」という理念のもとで、江戸での積極的な隊士募集を展開した。

かねがね近藤がマークしていたのが、伊東大蔵だった。深川佐賀町で北辰一刀流を指南していた伊東は、「その性温和にして敏達、幼きより国学を好み、歌道にも心を寄せ、また武芸を嗜み、特に剣術に長ぜり」(『贈従五位伊東摂津事蹟』)と称される、文武に長けた人物だった。

伊東はまた藤堂平助の剣術の師にもあたる。江戸で旗本の非嫡子として生まれた藤堂(『新史料からわかった新選組の真実』菊地明）は、少年時より撃剣修業を志し、当初、伊東道場の門下生となっていた。やがて、伊東の「寄弟子」として、伊東道場から試衛場へ派遣される形で、近藤勇の門下になった。

藤堂を通じて、上洛前に近藤と伊東との間には縁故が築かれていたとみられるが、次第に発展してゆく組織に、近藤は文武両道を体現する伊東の招聘を決めたのである。

藤堂は池田屋事件で重傷を負っていた。治癒と静養のために、自分に先がけて江戸へ送っていた藤堂に、近藤は、先師の伊東への上洛折衝を行なわせたのである。

伊東には「文久の初め、家を脱して京都に上り、心を国事に尽して奔走せし」（「贈従五位伊東摂津事蹟」）との経験があった。多数の縁者もいる京都へ上るため、障害となるものはない。

藤堂の折衝を経て、やがて道場を訪れた近藤に、伊東は上洛入隊の快諾を告げた。

伊東には、彼を慕い、理念や活動に同調する同志たちがいた。彼らも伊東と同行し、新選組に入隊することとなる。

篠原泰之進、加納鷲尾、佐野七五三之助、服部武雄といった者たちである。

また伊東の実弟の三木三郎（鈴木三樹三郎）、道場師範代の内海次郎と中西登も同調した。

伊東は上洛にあたって、その年の干支に因み甲子太郎と改名した。

伊東と、ゆかりの者たちはやがて新選組で派閥を築き、斎藤一もその渦に巻き込まれてゆくことになる。だが、千an顧の礼で壬生屯所に迎えられた伊東とその同志たちを警戒する動きは、未だ新選組にはない。

近藤は伊東らとは別個に、天然理心流の習得者なども含めた、十余名の新入隊士を確保している。東国の新入隊士募集は、一定の成果を上げたのだった。

この時期、京坂でも定期的な隊士募集は行なわれていた。その結果、新選組は約七十名の体制を整えたのである。人数的にみて、前年の芹沢鴨存命当時の規模を復旧させたのだった。

新選組はこれにあわせて、新たな編成を組んだ。

禁門の変の際に、長州軍は御所に兵戈を向けたとされ、当時、政局は長州征伐一色となっていた。それまではかたくなに攘夷の先兵となることを願っていた新選組も、現実路線の前に立ち止まらざるをえなくなる。

現実の敵である長州が、当面、彼らが対峙する相手となったのである。

近藤勇や土方歳三は、新選組が討伐軍として長州へ派遣されることを切望するようになっていった。さきにも触れたが、長州への派遣時に隊士たちへの戦場訓として、元治元年（一八六四）十一月に、土方歳三が「軍中法度」を試案として作ったことも、こうした姿勢に拠っていた。さらに同じ頃、「行軍録」と題する新選組の編成表が策定された。

長州派遣時の進軍隊形を意図して作られたとみられるこの編成表は、行軍形式で整えられており、近藤や土方のほかに、当時在籍していた小隊ごとに整然と配列された全隊士名が確認できる。

当時の京都での総員出動形も、この編成表に則してなされていた可能性もある。

「行軍録」には、八基の新選組の小隊が確認される。文久三年（一八六三）十二月以来の八小隊編成がそのまま踏襲された形である。

ただ、「行軍録」には、戦争時の後方支援を担う小荷駄雑具隊が、新たに組み入れられていた。平時は庶務や会計を担当する部署である。

八小隊と番外の小荷駄隊という全九基による新選組の小隊編成が、ここに完成したのだった。「行軍録」に示される各小隊の組頭は、次のようになっている。

一番隊　沖田総司
二番隊　伊東甲子太郎
三番隊　井上源三郎
四番隊　斎藤一
五番隊　尾形俊太郎
六番隊　武田観柳斎
七番隊　松原忠司
八番隊　谷三十郎
小荷駄雑具隊　原田左之助

二番隊を担ったとみられる永倉新八は、近藤勇への糾弾活動の過失を帰京後に下され、一定の間、謹慎を命じられていた。また旧五番隊を担当したとみられる藤堂平助は、その後も江戸への滞留を続け、隊士募集に奔走していたとみられる。

こうして人物面で信頼の置かれる伊東と尾形が、不在だった二つの組頭を、一時的に代行したのだった。

六番隊以降は、慣例通り、京都で加入した確かな各種武術の習得者が置かれた。苦労人の原田左之助が、新設の庶務関連隊の小頭に移動したほかは、試衛場ゆかりの者たちは、従前のように、一、三、四番の小隊を担ったのである。

さきに触れたように、それが近藤勇の彼らへの信頼の証だった。永倉や斎藤からの糾弾事件を経て、彼らへの近藤の信頼はいっそう厚いものになったに違いない。

斎藤一は以前の五番から、四番隊の小頭となった。

「行軍録」によれば、この時斎藤の配下となったのは、近藤芳助、小川一作、佐野七五三之助、中西登、安富才助の五名である。従前から新選組に在籍していた隊士はおらず、いずれも、近藤勇の隊士募集に応じて上洛した新入隊士ばかりだった。

五番隊の配下だった柳田三次郎は、この翌年の在隊が確認されるが、当時なんらかの理由で離京していたようで、「行軍録」からは消えている。またかつて斎藤の組下に置かれた尾形俊太郎は、首脳陣からの信頼を得て、組頭を代行するほどの位置となっていた。

新たな斎藤の配下のうち、近藤と小川は天然理心流の遣い手で、また近藤は、試衛場の至近に生家があった。彼は自ら、かつて試衛場で練磨したことも語り残している。

佐野と中西は、伊東甲子太郎と深く関わった者たちだった。のちに斎藤が伊東と接近していく過程には、彼らから示唆なども受けていたかもしれない。

また安富は、隊士としては珍しく馬術を習得しており、後年、新選組の中枢で箱館戦争を戦っていく隊士になる。

総員個性的ながら、四番隊の新入隊士たちは、年若い斎藤にとって心安いメンバーとなったようだ。特に近藤芳助は、試衛場で旧知の人物だった可能性もある。

当初の五番隊組頭から異動した四番隊組頭という役職が、その後、慶応三年（一八六七）に新選組を離れるまで、斎藤一が担い続けた肩書となったとみられる。

一般に斎藤一は、新選組三番隊長と呼ばれる。小説から漫画にいたるまで踏襲されているこの肩書きには、実は史実としての裏づけがない。

孫引きを頻繁に重ねて記述されている「三番隊長」の原典となったのは、西本願寺の寺侍だった西村兼文が、明治二十二年（一八八九）に編んだ新選組のルポルタージュ『新撰組始末記』である。

西村は同書に、伊東甲子太郎加入後の新選組の編成として、隊長近藤勇、副長土方歳三、参謀伊東甲子太郎のほか「一組十二人の長」として、

一番　沖田総司
二番　永倉新八
三番　斎藤一
四番　松原忠司
五番　武田観柳斎
六番　井上源三郎
七番　谷三十郎
八番　藤堂平助
九番　三木三郎
十番　原田左之助

という編成がなされたと紹介した。後年、この組長編成は独り歩きし、京都土産の暖簾や湯呑にも登場するにいたる。

執筆にあたって西村が用いた記録類は不明である。もとより九番と十番を用いた小隊は、同時代の

史料には確認されていない。また、伊東は当初組頭を拝命し、三木も当初、組頭とは下格の監察に任じられていた。彼らが参謀と組頭を拝命するのは、いずれも慶応二年のことである。

西村が紹介したのは、十基の小隊長として、時期の前後する副長助勤拝命者を十名並べただけの記述に他ならない。

なによりも、新選組が結成された文久三年末には、すでに小隊編成が作られていたのである。一組十二人とは程遠い、わずか一組五人の段階で、組織は発足していたのだった。

また、同時代史料には、常に「〇番隊組頭」と表記される。斎藤一は決して「新選組三番隊長」や「三番隊組長」ではなく、「新選組四番隊組頭」であると認識していただければ幸いである。

江戸帰還と隊士募集

京都新撰組土方歳三、斎藤一…江戸表において…五十七人吟味の上…新加入――

新選組の結成から二年を経て、斎藤一は再び江戸の土を踏んだ。

元治二年(一八六五)春、新選組は結成地の壬生から屯所の移転をはかった。長州征伐への出動を見据えて、組織の拡張を目指したのである。郷士邸を接収した形の壬生屯所は、スペースの上で限りがあった。京都の中心部からも距離がある。

新選組は西本願寺に注目していた。

広大なスペースを持ち、反幕府勢力とも繋がりがあった同寺は、前年の禁門の変の際に、長州兵を隠匿したこともある。斎藤一が捜索に関与した可能性もある、禁門の変のさなかに長州僧が入った興正寺は、西本願寺にほぼ南接していた。

土方歳三らは西本願寺と数々の折衝を行ない、新選組の受け入れを迫った。やがて西本願寺は申し出を承諾した。本堂北側にあった、諸国の僧侶が法会の折に列する場となる北集会所などが、屯所として新選組に提供された。

土方が辣腕を振るう屯所移転活動と並行して、隊務から隔絶状態となっていた副長の山南敬助は、いっそう存在感を失っていった。

この年二月二十三日、山南は壬生屯所で自裁して果てる。新選組からの脱走行為により処断されたものと伝わる。

山南の没後、伊東甲子太郎は追悼歌を詠んでいるが、その詞書きに「山南氏の割腹を吊（弔）ひて」と認めており、彼が切腹死したことは間違いない。永倉新八は晩年の回想に基づいた「永倉新八」で、山南が伊東甲子太郎と接近し、不審な活動を試みていたことを近藤勇に知られ、脱走したとしている。大津に逃走後、追手の沖田総司に身柄を確保され、屯所で自裁させられたとする。

新選組を象徴する四ヶ条の隊規は、山南の自裁時には成立していなかったが、脱走を禁じる規則は、組織が誕生した文久三年（一八六三）から整えられていた。そして、脱走者は同志によって討つと定められていた。

壬生屯所の近くにあった肥後藩の京都藩邸で公務にあたっていた同藩京都留守居役の上田久兵衛は、山南の切腹前日の二十二日の夕刻、抜き身の槍を持ち、鎖帷子《かたびら》をまとった四五十名の新選組隊士たちが、藩邸の前を息急《いきせき》切って走って行く姿を目撃し、国許の父親に報じている（『幕末京都の政局と朝廷』）。

新選組は後刻この出動を、京都見廻組との予期せぬ対立に起因する騒動だったと上田に伝えているが、これは山南の脱走事件に絡む、殺傷をも視野に入れた総員出動だったのかもしれない。

また、西本願寺の寺侍の西村兼文は、『新撰組始末記』で、山南は西本願寺への屯所移転を、同寺の動静を探ろうとするもので、卑劣であると断じ、憤慨のあまり自刃したとも紹介している。山南の最期に絡む不審な点は少なくない。ただ、彼の死を契機としたかのように、新選組は壬生を離れ、新屯所へ移動し、組織を拡張させていったのは確かである。

壬生屯所で山南が最期を迎えるさいの状況を、永倉新八は晩年、次のように紹介した。

隊長近藤は、副長土方や沖田、斎藤などの幹部連を率いて現れ、列座の面前へ山南敬助を呼び出し（中略）厳かに申し渡す。敬助は自若として「切腹を命ぜられて有難い仕合わせに存ずる」と色も変えず即座に黒羽二重の紋付に衣類を改め、蒲団を敷いて中央《まんなか》に正座し、居並ぶ一同に永々の交際を謝し、水杯を交わして懇《ねんご》ろに別辞を述べた。

（「永倉新八」）

斎藤一は、山南の最期に立ち会っていたようだ。

かつて現地を取材した子母沢寛によれば、山南は壬生屯所界隈の京雀たちから「親切者」と親しまれていたという。中途で離れたものの、斎藤は江戸の試衛場で、先輩の山南に稽古から日常生活まで、数々の恩恵を受けていたことだろう。

その親切な恩人が、新選組で試衛場ゆかりの者たちの中から最初に鬼籍に入る現場に立ち会った斎藤は、どれほどの苦衷を感じたろうか。

山南は新選組で長く存在感を喪失していたが、その死に、斎藤は計り知れない喪失感を受けながら、三月中旬に、新たな西本願寺屯所へ転陣していった。

西本願寺への移転から間髪を入れず、新選組は最大級となる新入隊士の募集を開始した。京坂での募集とともに、前年に実施された江戸での募集を再度行なったのである。

東下募集を主導したのは土方歳三だった。土方は伊東甲子太郎、さらに斎藤一を同行し、出立した。土方はもとより、斎藤にとっても初めてとなる江戸帰還だった。まして斎藤は、かつて試衛場の者たちとは別の足跡をとり、彼らが浪士組として上洛する以前に、京都へ来ている。感慨はひとしおだったに違いない。

先述した「藤田家の歴史」が伝える小石川関口での旗本殺害事件が事実だったなら、沖田総司や井上源三郎らにも先立つことになった東下に、斎藤が選ばれることはなかったろう。きっと彼は故郷江戸への不帰を覚悟していたはずである。

元治二年が慶応元年に改元される二日前の四月五日、斎藤は再び江戸に入った。土方歳三の姉婿で日野宿名主の佐藤彦五郎は、一報を受け、翌六日に、新選組後援者の小島家に「昨夜土方歳三外二人、柳町着の由」と連絡している（「小島政則聴書」）。

到着後、斎藤は土方らとともに、まっさきに市谷に入ったようだ。柳町と表記されるが、加賀屋敷にあった近藤勇の留守宅か、もしくは甲良屋敷の試衛場に入ったのである。二十二歳になった青年は、技量を磨いた懐かしい道場の畳に立ち、江戸への帰着を実感したことだろう。

この帰還中に、土方歳三が十日余りにわたって郷里の武蔵国日野へ滞在していたことが、佐藤彦五郎の日記に認められる。斎藤もまた元飯田町周辺にあったであろう実家に行ったとみられるが、残念ながら彼が江戸でどのように過ごしたのかを伝える記録はない。

ただ、肉親と再会し、友とも旧交を温め、これまでの激しい日々を、断片的に伝える時間も持ったことだろう。

もっとも斎藤は江戸帰還の目的である新入隊士の募集活動については、集中して行なっていたようだ。

斎藤は伊東と組んで、募集の窓口を開いていたらしい。小野路村の小島家の史料『異聞録』に、次の表記がある。

伊東甲子太郎、斎藤一両人より。
田中晋兵衛　元水十左衛門　同直三　田辺広之助　正木要蔵　三井丑之助　吉沢平蔵　木村求馬
志村岩蔵　中村五郎　奥沢次郎

この時点で斎藤と伊東のもとには十一名の入隊希望者があったらしい。

また『異聞録』には、土方歳三による募集に応じた十六名の入隊希望者の名が、それぞれが申告した習得武術の流派名とあわせて記載されている。

最終的には、どれほどの希望者がやってきたのかは不明である。だが、全てが確約者というわけではなかった。

斎藤と伊東の募集に集まった者たちの中で、実際に加盟したのは、三井、吉沢、志村、中村、さらに「織之助」の名で加わった正木の、五名に過ぎない。

また、土方の下に現れた十六名の応募者のうち、実際に入隊したのは九名だった。

池田屋事件の威名は江戸へも伝わっており、新選組へ興味を持つ者は少なくなかったろうが、はるか遠路を経ての上洛入隊という決断は、多くの者たちを躊躇させていたに違いない。

江戸での募集活動は二十日間に及んだ。

史料に記載された希望者のほかにも、斎藤の下には、多数の応募者が訪れたものとみられる。元治元年秋以降、さらに江戸に滞留し、地道に根回しを続けていた藤堂平助の尽力もあったようで、最終的には五十二名もの新入隊士が集まった。

四月二十七日、斎藤は土方や伊東、さらに藤堂らとともに、基本として新入隊士五名ずつを、先番と後番、そして一番から九番の十一の小隊による編成に整えて、大勢で京都へ向かった。

出立の三日後、江戸の会津藩邸は京都藩邸に、斎藤らの出立を報じた。

京都新撰組土方歳三、斎藤一、伊東甲子太郎義、このたび江戸表において新撰別紙人別名前両通の通り五十七人、人元、人品、芸術等吟味の上、今度新加入の趣、申し出候に付き、御届け申し上げ候。

（『幕末会津藩往復文書』）

土方は出立前に直属の会津藩邸を訪れ、新入隊士らは、人物や技量などについて、一定の選考の上で決定されたとの旨を報じていたらしい。

近藤勇が唱えた「兵は東国に限り候」との理念に基づき、前年に続いて行なわれた江戸での隊士募集は、成功のうちに終わった。久々の帰京による公務は、斎藤一にとって、さぞ意義深いものとなったことだろう。

一行は五月十日に西本願寺新屯所に到着した。五十二名の新入隊士たちには、その後、さまざまな運命が待ち受けていた。

撃剣師範

沖田総司…その次は斎藤一と申します。永倉新八は…沖田よりはチト稽古が進んでいました――

平成十六年（二〇〇四）十一月に、日野市立新選組のふるさと歴史館で「慶応元乙丑年　取調日記五月吉祥月」と題された、新選組の重要資料が一般公開された。全四十二帳の綴りになっているこの史料は、巻末に「山崎丞」と記されていることから、当人の筆記である可能性が高い。内容の大半を、探索活動に絡んだ記述や、新選組の軍事調練の号令の文言の書留めが占めているが、中にきわめて重要な資料が挿入されていた。新選組の総員名簿である。

特にこの名簿が貴重なのは、隊士の氏名の上に、それぞれが所属する小隊の番号が示されていることだった。

名簿には百四十八名が記載され、土方歳三や斎藤一が江戸で募り、五月十日に着京した隊士たちも確認され、記載されている瀬山多喜人と石川三郎の名前の上に、いずれも六月二十一日に隊規違反で切腹となった旨の追記がある。

表題にもあるように、おそらく慶応元年（一八六五）の五月中に整えられた、新選組の総員名簿と考えられる。

組頭を担う副長助勤について、「取調日記」の名簿は、近藤勇と土方歳三に次いで、以下の順に掲載した。

沖田総司　永倉新八　井上源三郎　藤堂平助　原田左之助　斎藤一　武田観柳斎　谷三十郎　伊

東甲子太郎

彼らが担った小隊の番号についてはこの名簿には記載されていないが、前年の「行軍録」に従うべきかと思われる。

組頭としての助勤たちを推定するなら

一番隊　沖田総司
二番隊　永倉新八
三番隊　井上源三郎
四番隊　斎藤一
五番隊　藤堂平助
六番隊　武田観柳斎
七番隊　谷三十郎
八番隊　伊東甲子太郎
小荷駄隊　原田左之助

という編成と思われる。「行軍録」で七番隊を指揮下に置いていた松原忠司は、西本願寺移転の直前に降格処分を受けており、「取調日記」の名簿では末尾近くに小荷駄隊の一員として記載されている。

一番から五番までと小荷駄隊をいわば試衛場閥、六番から八番までを試衛場関係者以外とする組頭の編成も踏襲され、松原の排除後、無任所の組頭だった伊東甲子太郎が、正式に一小隊を担うこととなった。

「行軍録」で斎藤が率いた四番隊は、「取調日記」では、次の編成となっている。

伍長　大谷勇雄　安富才助
隊士　中村金吾　松本喜次郎　佐野七五三之助　小路平三郎　岡戸万次郎　森下平作　篠崎新八郎　伊東主計　三井丑之助　松原幾太郎

西本願寺新屯所で、総隊士数が一気に三倍近くに増加したことにより、それまで五名の編成だった小隊は、組頭以下総員十三名の新編成となった。

各小隊とも、副長の下には直属士官となる二名の伍長が置かれ、その下に十名の隊士が所属した。「行軍録」で斎藤指揮下にあった五名のうち、安富才助が伍長に昇格し、佐野七五三之助が、変わらず指揮下に置かれたようだ。

怪しげな傭兵集団だった新選組は、ついに堂々たる一大組織に変貌したのだった。

「取調日記」の名簿が作られた後、続いて、もう一点の新選組総員名簿が策定された。「英名録」と題されるものである。「取調日記」同様、役職順に百三十四名の新選組在籍隊士を、こちらは、生国もしくは出身藩名をそれぞれ付記して記載している。

六月二十一日に切腹した瀬山と石川の名前はなく、七月二十五日に死亡した佐野牧太郎が認められることから、「英名録」は「取調日記」の一月余後に作られた隊士名簿と考えられる。

この年、将軍徳川家茂は長州征伐の指揮を担って、生涯三度目の西上を行なっていた。大坂城に居所を置いていた家茂は、六月七日に、御側御用取次役の村松武義を通じて、目付の小笠原広業に意外な命令を下している。

「新撰組総名前御読みにあいなりたし」（『立花種恭日記』）という命令である。

壬生浪などと持て囃された、あるいは忌避された、日毎に拡張している傭兵集団に、将軍は興味を持ったのである。ただちに会津藩を通じて、公式な総員名簿の献上命令を受けた新選組は、感激とともに「英名録」を編成し、大坂城へ提出したのだった。

現存する「英名録」は、隊士島田魁による写本として伝えられている。

なお、「英名録」も、「取調日記」同様、近藤、土方に続いて、副長助勤を列記する形をとっているが、配列はいずれも同じ順番となっている。

「英名録」は、斎藤一の出生地を「江戸」とする。千代田（江戸）城に起居する将軍への献上名簿であることを確認した上で、斎藤はかように伝えた。

どれほど誇らしく思ったことだろう。

組織の拡大は、新選組に新たな制度を派生させた。

それまで脱走を禁止行為とし、漠然と備えられていた隊規が明文化されたのもその一つである。「永倉新八」によれば、

第一、士道を背くこと
第二、局を脱すること
第三、勝手に金策をいたすこと
第四、勝手に訴訟を取り扱うこと
四箇条を背く時は切腹を申し付くること

その宣告は同志の面前で言い渡す

という、第一に武士道の遵守を置く厳格なものだった。隊規違反者の摘発は頻繁には行なわれず、時に応じて突発的に断罪がなされ、隊士たちの規律を否応なしに正させた。

西本願寺の寺侍だった西村兼文が、明治二十二年（一八八九）に編んだ『新撰組始末記』は、慶応元年春に新選組が屯所を壬生から西本願寺に移転した後、「さらに規律を設立」し「厳重に法令を立て、その処置」が「辛酷」だったと認めている。

さらに西村は、屯所移転のあと、ある制度が作られたと伝え、そこに就任した隊士の名前とともに紹介した。同書のみに伝えられているものである。

撃剣は沖田、池田、永倉、田中、新井、吉村、斎藤を頭とし、柔術は篠原（泰之進）、梁田（佐太郎）、松原（忠司）を師とし、文学は伊東（甲子太郎）、武田（観柳斎）、斯波（良作）、尾形（俊太郎）、毛内（有之助）を長とし、砲術は清原、阿部、馬術は安富（才助）、槍術は谷（三十郎）と、各その師範を定め……

それは、文武の各種部門に精通した隊士たちを、組織内の地位を問わずに抜擢し、彼らを師範として、それぞれが得意とする分野を隊士たちに指南するというものだった。撃剣道場の試衛場を営んだ近藤勇ならではの発想である。

先述したが、西村兼文は、幻となった新選組の全十番隊編成を、『新撰組始末記』にも伝えた人物だった。各種史料から十番隊編成は否定できたが、師範制については、西村の記述に拠るしかない。ただ、否定する材料は有していない。

読者の方々には不確実ながら、師範制は実在していたとの見地に立ち、述べさせていただくことにする。

さて、師範に抜擢されためいめいの者が、相応の力量を持っていたことを裏づける史実も、いくつか残っている。

たとえば、柔術師範に梁田佐太郎という隊士が就いている。

先述したが、梁田は別名を柳田三次郎といった。江戸の武家に生まれ、後に西上して、ともに新選組の柔術師範になった松原忠司の門下に入り、大坂阿弥陀池近くに松原が開いた道場で北辰心要流の柔術を研鑽した。松原に従って早期に新選組に加わり、のちに斎藤一が小頭となっていた五番隊に、一時配属されている。

柳田は、入隊当時五十歳というかなりの高齢者だった。当時二十歳の斎藤にとっては、かなり違和感のある配下となったかもしれない。ただ、温厚な人物だったようで、師匠の松原の死去にともない、新選組を脱退していった。

その後は長島喜太郎を名乗り、大坂北堀江隆平橋北詰、続いて南堀江住吉橋北詰で、幕末から明治にかけ、柔術道場を開業していた。

明治二十年十二月七日に七十五歳で没し、現城東区にある菩提寺に葬られた。過日、現存する同寺を訪問したが、お寺の方によると、空襲の被害を受けたとのことで、墓地や墓も残されていなかった。

また、文学師範に就いた斯波良作は、のちに幕臣の西周《あまね》が壬生の更雀寺に開いた学塾に、隊士の村上清とともに通っている。西塾の門人帳には、「新選組」の肩書きで、村上ともども斯波の名前が残されている。

西村が伝えた制度が事実であるなら、こうした優れた師範によるさまざまな教授が実践されていたようだ。

だが、もっとも花形の存在は撃剣師範だったろう。

西村は姓のみを伝えているが、撃剣師範を拝命したとみられるのは次の七名である。

沖田総司、池田小三郎、永倉新八、田中寅蔵、新井忠雄、吉村貫一郎、斎藤一。

撃剣師範が、どのような形で隊士たちを指南していたかを伝える記録は、残念ながら残されていない。

だが、江戸試衛場、さらに時期は短かったようだが京都の吉田道場で、まがりなりにも門人への教授を行なったであろう斎藤一にとって、撃剣師範への就任は、大きな励みとなったに違いない。

斎藤と同じく試衛場ゆかりの沖田と永倉の撃剣の技量にも、際立つものがあった。

奇しくも撃剣教授となった彼ら三名の剣術を新選組の道場で実見したと思われる、元隊士による評価が残されている。阿部信次郎（十郎）が、幕末維新の自身の体験談を語る史談会で、明治三十二年に語った証言である。


沖田総司、これがまア（近藤）勇の一（番）弟子で、なかなかよく遣いました。その次は斎藤一と申します。それからこれは（流）派が違いまするけれども、永倉新八という者がおりました。この者は沖田よりはチト稽古が進んでいました。

（一八九九『史談会速記録』第八十三輯）

天然理心流を習得した沖田と斎藤とは区別する形で「派が違います」と付け加えた上で、阿部信次郎は、神道無念流と心形刀流道場での練磨経歴を持つ永倉の剣術を評価した。

阿部の証言によると、永倉は沖田より稽古が進み、斎藤は沖田に次ぐ技量があったようだ。

文久三年四月十六日の松平容保の御前稽古で立合ったことから、永倉と斎藤の技量には大きな格差はなかったものと思われる。

撃剣師範に選ばれた試衛場ゆかりの三名は、まさに屈指の剣士でもあった。

さらに撃剣師範となった他の四名についてみていきたい。

池田小三郎は、江戸の出身で、元治元年（一八六四）十月、近藤勇による江戸での隊士募集に応じた。その際の自主申告によれば、一刀流剣術の遣い手とある。入隊後は五番隊に組み入れられ、次いで七番隊の伍長の任にあたっている。

慶応二年（一八六六）九月に、三条河原で大橋に掲示される制札を遺棄した土佐人と警備にあたっていた新選組との乱闘事件が起きている。池田は警備の一端を担って出動していた。どのような働きをしたのかは不明だが、一応の評価を得たようで、事件後に金千疋の恩賞を得た。これが残されている、唯一の剣歴の記録である。

後年神奈川県会議員となった隊士の近藤芳助は、明治三十九年に認めた手紙に、鳥羽伏見戦争で没した隊士名を連記し、池田もここに加えている。これは誤認だったようで、その後、慶応四年三月の勝沼戦争に出戦、重傷を負って、ほどなく没したようだ。

近藤芳助は前掲の手紙に、池田を「江戸の人。剣術に達し、教授心得。文事なし」と認めている。

近藤は池田の他にも、鳥羽伏見戦争で仆れた二人の隊士を「撃剣教授心得」と記しており、師範システムに類するものが実在していたことと、池田小三郎がその一人だったことを示すものとなっている。

田中寅蔵は加賀金沢の出身と自称した隊士である。大藩からの出奔藩士だった可能性もある。池田屋事件からほどなくして京都で入隊した。当人が会得した剣術の流派は不明で、西本願寺屯所では藤堂平助が組頭を担ったとみられる五番隊に配属された。

入隊からまもなく、近藤勇や七名の同志と、四条西洞院にあった久留米藩邸を訪れたらしい。同藩京都留守居役の久徳《きゆうとく》与十郎が、接触した人名を藩や所属別に列記した『諸藩性名』に、近藤らと並んで田中の名前がある。隊士としての活動を伝える唯一の記録にもなっている。

プロフィールとしても、唯一『新撰組始末記』が「隊中屈指の撃剣者なり。品行もまた方正なる」という一文を伝えているのみである。

確かに剣術の技量は優れていたらしい。百万石藩の出身という血統も、近藤勇を刺激したかもしれない。近藤の警護役を担った久留米藩邸への訪問の際には、諸国の事情などの説明を任されていたのかもしれない。

その後、田中は伊東甲子太郎に接近した。組頭の藤堂平助の影響もあったのだろうか。しかし、伊東や藤堂の新選組脱退には同調せず、一カ月後の四月十四日に単独で脱走し、寺町の寺院に身を隠した。後日の合流を考えていたようだったが、新選組では、伊東一派への脱退後の参加は、切腹と定めた規則を整えていた。

田中は、この規則に抵触した。翌日、新選組に察知され、その日のうちに屯所へ連れ戻されて、切腹を命じられている。

その際「四方山の花咲かば咲け時去れば萩も咲け咲け武蔵野にまで」という辞世を詠んでいる。

田中寅蔵は「萩」（長州）の「武蔵野」（江戸―幕府）への進出と、凌駕をも歌って果てた。伊東甲子太郎はもちろん、反幕府派に思いを寄せた、脱走と最期だったようだ。

遺体は、新選組によって、死亡隊士たちの墓所となっていた壬生光縁寺に運ばれ、土葬されている。

新井忠雄は奥羽国平藩士の子息で、母方の生家を継ぎ、後に江戸に出た。西本願寺への屯所移転後に入隊し、諸士調役兼監察の任に終始した。習得していた剣術の流派は伝わっていない。

ただ、剣の技量は確かだったようで、慶応元年冬からは、長州藩探索を目指した近藤勇の広島出張に同行を命じられた。探索活動を行なうとともに、近藤の警護も命じられていた可能性がある。慶応二年の三条大橋制札事件にも出動している。活躍を伝える史料はないものの、かなりの働きを見せたようで、事件後に最高額の二十両の恩賞を得た。

その後、伊東甲子太郎に接近し、慶応三年に新選組を脱退した。その後は、太宰府を訪ねて、反幕府活動家と接触するなど、広範に活動している。この間に、訪問先で、池田屋の会合にも参加した久留米脱藩の淵上郁太郎を殺害したとする伝承も残されるが、定かではない。

伊東の没後は、同志たちと赤報隊に加わる。さらに会津征討軍越後口総督の仁和寺宮嘉彰《よしあき》親王の指揮下で、越後方面に戦った。

七月二十九日、日向高鍋兵を率いて戦った新井は、関屋村で、旧幕府軍越後口総督の米沢藩家老・色部《いろべ》長門《ながと》を討つという武功を挙げている。

「隊長と見受け候者これあり、軍曹新井陸之介（忠雄）指揮し、打ち留め候（中略）死骸あい改め候所、米沢重臣色部長門（の）確証を得申し候」（『北征記』）という働きに対し、永世五十石という恩賞の沙汰も受けた。新井忠雄は戊辰の戦線で、抜群の活躍をみせたのだった。

維新後は司法界を進み、東京控訴裁判所などに出仕し、明治二十四年に五十七歳で没している。

鹿児島裁判所に勤務していた明治十二年に、新井は肖像写真を撮影している。当時、明治天皇の命により、一部の軍人や役人など四千五百名の公職人物の写真が撮影され、新井も「判事」の分野で指名されたのである。

現存する写真に写った四十五歳当時の新井忠雄は、短髪をオールバックにして口髭を貯えた、スリムな容貌の人物だった。斎藤一とともに一時期、御陵衛士として活動したこの人物の渋く現代風な顔立ちは、ひと目見たら忘れ難い。


吉村貫一郎は慶応元年四月、土方歳三や斎藤一の江戸での隊士募集に応じて入隊している。自称にもとづく記録には、北辰一刀流を遣い、奥羽国南部の出身とある。

子母沢寛は著書『新選組物語』に、吉村を南部盛岡藩の最下級の武家の出で、三十七八歳のころを、その新選組の入隊時期としている。浅田次郎氏の小説『壬生義士伝』の主人公にも据えられ、中年隊士の悲哀が読者を感動させたが、実際は入隊時は二十二歳の青年隊士だった。

諸士調役兼監察を拝命し、幕府軍の長州征伐の実況報告や、土方歳三の京都の公家邸訪問への同行など、多くは同職の山崎烝とともに多方面の活動に尽力した。

探索方面には有能な実力をみせたが、剣術に関連する記録などは伝わっていない。

剣の実力よりも、長けていた情報収集能力によって、諸藩の剣十の技量や、剣術についての最新鋭の知識を吸収していたため、ほかの師範たちには遅れて、本職に抜擢されたのかもしれない。撃剣師範としての指導分野は実技ではなく、広範な情報面を専門とした撃剣師範だったのかもしれない。

しかし、慶応四年一月、吉村は新選組を脱走した。隊士の島田魁は、自筆の総員名簿に吉村を脱走者として記し、同じく横倉甚五郎は名簿に吉村を「大坂にて脱走」と認めている。
子母沢寛が認めた「野話聞書」（『新選組物語』）は、脱走後、吉村が南部藩の仮屋敷を訪ねたというエピソードを紹介している。知人の京都留守居役に身柄の隠匿を願ったものの、拒絶され、その夜、邸内で切腹したという。子母沢によれば、それは留守居役の孫娘が祖父から聞いた話だったという。

新選組は多岐の武術を信奉した集団だった。だが、撃剣の修業は、隊士たちにとって根本ともいえるものだった。

組頭同様、各種師範もまた、担当者が死亡すると新たな人物が抜擢され、継続されていったと思われる。

慶応三年三月、伊東甲子太郎の新選組分離脱退に従って、西本願寺屯所を離れるまで、斎藤一は天職のような撃剣師範の職務に、絶えず精励していたに違いない。

なお、斎藤一は、一刀流、無外流という二つの流派の剣術を会得していたとも伝わっている。

斎藤は試衛場で練磨した天然理心流の遣い手だが、永倉新八や藤堂平助のように、複数の流派を練磨していたようだ。もっとも斎藤は藤田五郎となった明治以降も、撃剣に携わる暮らしをしていたことから、これらの流派は、後になって研鑽され、会得したものかもしれない。

一刀流については、後に斎藤が心服した元会津藩家老の山川浩の実弟で、後年、東京帝国大学総長となった健次郎が、このような回想談話を残している。

　一刀流と云う、一種妙な流儀が会津にあった。外の一刀流と違って、ソレは秘密にして人に見せない。一級上がるごとに、口伝などがあって、なにか面白味がありそうなのだ。外から見ると骨を折らぬので、効が余計ありそうに見える。

ところが少し狡猾な方であったかして、私はその方が宜しかろうと思うて、一刀流に入門したいと云う事を家の尊長に言うたところが、アンなものをやったところが仕方がないと云うことであったけれども強いて望んだものだから、ついに許されて其処に入門した。けれども極く初歩であったから、別になんにも面白い口伝秘密も受け得なかった。

流儀は人には見せないで、他流仕合と云うことは決してせない。何か物ありそうな流儀であった。

（「会津藩の教育制度」）

かなり意味ありげな流派である。もしも斎藤がこの流派をマスターしていたなら、他流試合もなく、流儀は他見させないという、この「物ありそうな」流派のことを多く語る事もなかったかもしれない。

無外流は、近江国甲賀郡出身の山口流剣術家の辻無外が、元禄六年（一六九三）に立上げた流派である。無外は居合いに長じ、門人に次のように語ったという。

居合いとは鞘の中にて勝負をなすこと肝要なり。鞘を離るれば剣術なり。去る程に二間、或いは三間ばかりの間にて敵に言葉をかけ、敵の抜かぬ先に抜き打ちに撃つこと居合いの本意なり。吾子はただこの抜き打ち一腰を朝暮怠らず稽古せられよ。

（一九三八『辻無外伝　無外流居合』）

新選組で実戦剣を振るった斎藤一には得るものの多い流儀だったろう。

斎藤一の佩刀

斎藤肇に於ては関孫六の一刀を引き抜き、エイとばかりに…斬って落とした――

小説をはじめ、諸書に、京都新選組で活躍していた当時の斎藤一の佩刀を池田鬼神丸国重の作刀と記したものが散見される。

国重は天和期（一六八一～八四）頃の刀工で備中国水田に生まれ、本名を長兵衛といった。後に摂津国池田に住まい、池田鬼神丸を名乗ったという（『秋田県史　民俗工芸編』）。

後世まで人気の高い刀工で、昭和三十五年（一九六〇）に大阪の阪急百貨店刀剣部が作成した「大阪鍛冶番付」では、西前頭の十四枚目に記載されている。

この刀と斎藤一とを結びつけたのは、ある資料だった。

元治元年（一八六四）六月五日の池田屋事件で、新選組隊士たちは激しい戦いを経験した。特に、池田屋内外で捕縛活動にあたった者たちは、生涯でもまたとない交戦に身を置いた。

御用改めのため、ともに突入した沖田総司、永倉新八、藤堂平助の三名の佩刀の損傷の程度を、近藤勇は事件直後に国許に宛てた手紙で報じている。この事件で愛刀に損害を負った隊士も少なくなかったに違いない。

ある資料が伝わっている。

それは、新選組発祥の地の家主・八木源之丞方に借家をする源竜斎俊永という研師が、池田屋事件で隊士たちが用いた刀の修理をするために控えたメモとされるものである。

全文の紹介は省略するが、メモには、池田屋事件に出戦した隊士のうち、谷三十郎と宿院良蔵を除く、三十二名の佩刀が銘や寸法とともに記録されている。池田屋への出動で負った刀の損傷についても詳しく記されており、近藤と土方の佩刀には、研師の感想まで付されてある。

確かな同時代史料なら、比類のない貴重なものであろう。今日佩刀銘が伝わらない屈指の剣士たちが、遺っていた刀剣を知ることができれば、ファンにとってもこれほどありがたいことはない。

そして、この資料には、斎藤一の佩刀についても紹介されていた。

斎藤一
摂州住池田鬼神丸国重　天和二年九月日　刃コボレ小無数

鬼神丸国重である。「刃コボレ小無数」と、池田屋事件の際の損傷状況までも記載されている。

これまでも、釣洋一氏や菊地明氏によって指摘がなされているが、このメモにはいくつかの疑問点がある。

執筆者という壬生の源竜斎俊永という研師について、伝えられている資料はない。新選組の研師として伝わっているのは、慶応三年（一八六七）の隊の出納簿『金銀出入帳』に名前が認められている山田一郎だけである。

山田は二条小川に住み、元治元年発行の京都の各種商工業者ガイドブックの『京羽津根』にも名前の載る名工だった。

もっとも疑問が残るのが、隊士の中村金吾の佩刀銘についての記載だった。

中村金吾

江府住細田直光　万延元年二月日　二尺三寸　イタミ少シ

万延元年（一八六〇）が、安政七年から改元したのは三月十八日のことだった。万延元年の年号で二月を刻むことはありえない。

メモに記された隊士の配列にも不可解な点があった。新選組に池田屋事件の恩賞金が下賜された際の授与者リストとまったく変わらぬ順で、隊士の名前が並べられている。

この恩賞金授与者リストは、事件の二カ月後の八月に、幕府から下された恩賞金を、新選組が、当夜の所属小隊に則して、出動者に配分した記録を示したものである。事件直後に認められたメモが、二カ月後に作られた記録の配列どおりになるのは考えがたい。

また、メモには無銘刀の保有者は一人もいなかった。

少年時代に新選組を見ていた壬生の郷士の息子の八木為三郎は、子母沢寛の取材を受けて、父親である源之丞から「隊士達はさすがに刀だけは身分不相応なものを持っている」との言葉を聞いたと語っている（『新選組遺聞』）。幹部は一律に名刀を持っていたかもしれないが、隊士すべてが有銘の刀を保持していたのかは疑問が残る。

斎藤一が鬼神丸国重を佩刀にしたとの「史実」も、この資料に由来したものとみられる。しかし、彼がこの刀を持ち、反幕府勢力に対峙したとは、どうにも考えにくい。

なお、この源竜斎俊永メモと関連するような記録について、刀剣専門家による一文が『月刊　麗』昭和五十六年九月号に紹介されている。

新選組の名を一躍たかめた池田屋の斬込みも、ずいぶん時間がかかっている。大ぜいの斬り合いだから、ワアッというぶつかりあいで短時間の血戦であったように感じられるが、実際には、午後十時ごろから一刻以上かかっている。

志士たちが集まっていたのは二階の六畳と八畳の二間だという。こんなせまいところに、三十人程の人がいたようだが、そこへ、まず近藤勇ら五人がのりこんだ。そして斬り合いになった。そのうちに（中略）土方歳三ら（中略）が馳せつけて乱闘になったようだが、このせまい室内、しかも暗いところで、どうやってたたかったのだろうか。

このとき（池田屋で）使用された新選組隊士の刀の損傷の具合を記録したものが残っていて、それによると鋩子《ぼうし》（切先）が折れたり、真中から折れたり、刀身が曲がったり、刃こぼれしたり、ずいぶん痛んでいるそうだ。

おそらく最初のうちは双方室内でジッと刀を構えてにらみ合いになって、その中の元気のいい気短な人が飛び出して斬り合いになり、あとの人は、窓から飛び出して逃げたり、そのうちに駆けつけた土方隊と、野外などで出合いがしらに斬り合いになったり、捕ったりということではないだろうか。

（「江戸っ子気質」三田巻剣）

斎藤一は、新選組のさまざまな場面で剣を振るったが、ほぼすべての隊士と同じく、所持していた佩刀を記した確実な資料は伝わっていない。

明治期に斎藤は警視庁に入庁し、西南戦争にも出征しているが、幕末以降も帯刀した後半生を含め、佩刀を知る手掛かりはない。

ただ、京都新選組時代に斎藤一が愛用した大刀を認めた記述が、不完全ながらも一つだけ残されている。明治三十一年（一八九八）に、当時の人気講釈師だった松林伯知《しょうりんはくち》が、自作講談を採録して出版した『新撰組十勇士伝』である。

後項でも詳しく触れるが、松林は、当時本郷近辺に暮らしていた永倉新八と会い、数々の取材を行なっていた。近年公表された、永倉が明治中期に綴った新選組時代の体験記『浪士文久報国記事』の原本も、一時、松林が永倉から借用していたものとみられる。

永倉は旧知の新聞記者に「某講談師」に「当時の事項を順序を追って日誌にしたもの」を、たっての依頼で貸したものの、返済されなかったと語っており（一九二七「永倉翁の俤を偲びて」）、これが松林を指しているのは間違いない。事実、『新撰組十勇士伝』には『浪士文久報国記事』が伝えるエピソードも複数、引用されている。

また、松林は、大正十四年（一九二五）に『中央新聞』に連載した講談「幕末血史新撰組」で、こんな証言も残していた。

　この人（永倉）は非常な撃剣家で、維新後は警視庁の剣道師範役となり、確か大正三年頃に北海道の小樽でおなくなりになったように記憶して居ります。伯知《わたくし》はこのお方に就いて、この新撰組の近藤勇という方の京都から江戸へ帰って、板橋で死に至るまでの所は精しく伺っておきましたが、そりゃア実に腕は能く出来た。

永倉と松林との関係が、表面上のものではなかったことが、この文章から窺える。

そんな永倉から直接得た情報も活用された『新撰組十勇士伝』に、斎藤一の佩刀に関する記述が残されていた。慶応三年（一八六七）十二月八日に起こった天満屋事件を伝えた場面である。

斎藤一が奮戦した天満屋事件については後項に詳しくご紹介するが、この事件は坂本龍馬の暗殺の黒幕であると誤認された人物を、斎藤一の率いる新選組が宿舎の天満屋で警護していたさなかに起きた。隊士たちは天満屋に斬り込んできた海援隊士らと斬り結び、双方に死者や負傷者が出ている。

講談調の表現で、松林は斬り込みの一部を次のように紹介した。

……新撰組より護衛として、斎藤肇《ママ》に大石鍬次郎、そのほか中村小次郎、宮川信吉、船津鎌太郎らを遣わされました。天満屋におきましては（中略）中二階で護衛の人々はみな、鎖帷子を着用して、グルリと周囲《まわり》を取り囲んで、今酒を飲んで居ります。（中略）ドカドカと乗り込んで来たるみな土州の藩士。襷十字に綾なして、袴の股立を高く取り上げ、各自《てんで》に抜刀《ぬきみ》を引掲げて斬込んで来たるにより（中略）斎藤肇に於ては関孫六の一刀を引き抜き、エイとばかりに、土州藩の一人の腰の辺りより斬って落とした。今一名来るのを面部をめがけて斬り付けました。ついに二人は斎藤肇のために打ち倒されたる……

（一八九八『新撰組十勇士伝』）

天満屋の屋内戦で斎藤が振るったのは「関孫六」だったという。

美濃国関の刀工兼元の作刀は、その本名をとって孫六と呼ばれた。初代は美濃国赤坂で作刀し、二代もしくは三代で関に移住した。

この刀のなによりの特長は、極めて実戦に即しているという点だった。「概して一般に鋭利で堅実である。言うべくんば、折れず曲がらずよく斬れるので、実用的には誠に申し分がない」（一九四一『大日本刀剣史　下』）という、ある意味、日本刀のお手本のような刀である。

古くは堀部安兵衛が高田馬場の決闘で用いたと伝えられ、桜田門外で井伊直弼を襲撃した有村次左衛門の佩刀だったともされる。まさしく実戦刀だった。

『新撰組十勇士伝』の一文以外に、斎藤と関孫六を繋ぐものはないが、作者の松林伯知と永倉新八との深い関わりは無視できない。また、松林が取材を行なっていたと見られる時期、永倉の住まいは斎藤の住居から直線距離で一・五キロの小石川指谷町《さすがや》にあった。斎藤への取材も可能な距離である。松林伯知は永倉のみならず、斎藤の記憶をも束ね、彼らからこの名刀の記憶を覚醒させたのかもしれない。

歴戦の剣士、斎藤一の佩刀として、これほどふさわしい刀もないだろう。

明治二年五月、箱館で新政府軍に降伏した新選組隊士の中島登は、その後、青森などで謹慎生活を送る傍ら、近藤勇や土方歳三ら、戊辰戦争で殉難した隊士たちの彩色の全身イラストを小伝を添えて描いた。「戦友姿絵」と仮称されたそのイラスト集には、慶応三年冬以降、山口次郎を名乗った斎藤一の全身像も収められている。

会津戦争のさなか、斎藤は隊士たちを率いて如来堂で奮戦した。戦いは激戦となり、複数の隊士が仆《たお》れ、斎藤本人も以後、一時消息を絶った。

中島は斎藤が戦死したと錯覚し、この「戦友姿絵」に当人を描いたのである。

中島の描く斎藤は、さながら四天王像が邪鬼を踏みつけるかのように、薩摩藩の家紋をデザインした着物姿の敵兵を踏みながら、討ち取った二名の首を左手で持ち、迫り来る敵兵の槍の穂先に抜刀を振りかざしていた。

その抜刀は大きく刃毀《はこぼ》れし、敵の血を被っていた。

壮絶なイラストである。実際に中島が目撃した戦場の斎藤一の装いなどもイラストには反映されていたと思われる。

残念ながら中島のイラストは、隊士たちの装いに関しては、差別化が見られるものの、表情などは一様に類型化しており、個性は感じられない。斎藤以外にも血刀を携える隊士は描かれるが、それぞれに個性はみられない。残念ながら「戦友姿絵」のイラストからは、斎藤一の佩刀を確認する術はない。

彼は幕末、明治にわたり、名刀関孫六を掲げて戦場に立ち続けていたのだろうか。

＊　刀剣研究家の権東品氏の多年のご尽力に敬意を表します。

幻の征長出戦

当局人数出張仕らず京師に在陣、定めて因循と世人申し候事に御座候——

慶応元年（一八六五）四月十二日、幕府は諸藩に長州征討を発令、将軍家茂は五月に西上を開始し、閏五月二十五日に大坂城へ入った。将軍滞坂にあわせて新選組も、分隊で交番をしながら大坂に滞陣し、市中の警戒活動などにあたった。

当時、井上源三郎が大坂に派遣されていたことが資料に伝わっている。彼の率いる三番隊が任務にあたったようだが、斎藤一もまた四番隊を率いて、下坂したと思われる。

京坂の空気は、日増しに長州征伐一色になっていった。

斎藤とも知遇のあった井上源三郎の兄松五郎は、甲州口の警衛や、日光や江戸の火の番を担った八王子千人同心の一員だった。

将軍の西上に合わせ、千人同心には征長従軍の命が下されている。松五郎はじめ、近藤勇や土方歳三ともゆかりの深い武州人たちは、異郷の地で再会を果たした。

当時十九歳の土方健之助という青年がいた。健之助は武蔵国多摩郡新井村に生まれたが、その家は、代々千人同心を務めている。また実兄の勇太郎は、土方歳三と同日に天然理心流に入門した、よき盟友でもあった。

この時、征長の一員として西上してきた健之助も、かねて天然理心流を練磨し、試衛場の者たちと深い知遇があった。

慶応元年九月十八日、健之助は西本願寺の新選組屯所を訪れている。

当時将軍は、長州関連の協議で御所へ参内するため、滞京していた。千人同心たちは警備要員として上洛していたが、健之助はこの機会に、当日の宿所だった伏見から、京都見物を兼ね、師匠の近藤勇や試衛場の者たちに挨拶するため、屯所を表敬訪問したのである。

その日の模様を、健之助は次のように日記に認めた。

一、十八日雨天。朝五ツ時に支度いたし、丸山氏、越石氏、大野氏、拙四人にて京師見に罷り出、武田《ママ》街道を参り、それより二条御城、御所拝見いたし、京師西六条新撰組屯所へ罷り越し、近藤先生、土方歳三殿、井上君、沖田君その余大勢にて、酒肴にて馳走にあいなり、それより源三郎君に僕壱人拝借いたし、伏見へ夜四ツ時に帰り候。

（『十九歳の長州出兵記録　慶応元年御進発御用日記』）

はるばる屯所を訪れた同郷の青年を、師匠の近藤勇や、試衛場の先輩たちは手厚くもてなしたようだ。「その余大勢」の中には、斎藤一も加わっていたに違いない。

その日はまた、筆頭局長の芹沢鴨が殺害されたと伝わる文久三年九月十八日（十六日との見解もある）から、ちょうど二年後の同日にもあたっていた。深い因縁のある芹沢の三回忌の当日に、馴染みの武蔵の青年を迎え、試衛場ゆかりの者たちの気持ちは、さぞや昂揚していたことだろう。

土方健之助ら千人同心たちは、その後、征長のため長州へ出陣することとなる。

斎藤一らも、沸き立つ思いを日毎に深めていったものと思われる。

健之助が屯所を訪ねる直前、新選組はゆかりの深い壬生寺に、一方的にある提案を談じ込んでいた。境内の一部を使い、軍事調練を行ないたいというものである。

壬生寺は抵抗したが、毎月四の日と九の日に限ることや、大砲の不使用などを条件にやむなく許可するにいたった。

この要求と並行する形で、新選組は前年に続いて、再度「行軍録」と題する、進軍隊形表を作成した。この図は土方歳三が国許へ送り、現在に残されている。

同表には隊士たちの名前は記されていないが、進軍隊形の中に、近藤、土方のほか、組番号とは異なる肩書きを添えて、九名の組頭の名前のみが示されている。

順に以下の通りである。

小銃頭　沖田総司　永倉新八
大銃頭　谷三十郎　藤堂平助
槍頭　斎藤一　井上源三郎
軍奉行　伊東甲子太郎　武田観柳斎
小荷駄奉行　原田左之助

土方は、九月九日に認めたこの、新「行軍録」の送り状に「壬生寺において大調練仕り候。大いに兵の差し引きよろしくあいなり、私ども一人大悦仕り候。よって行軍附お送り申し上げ候」と綴っている。

四名の組頭らに行なった「小銃隊」と「大銃隊」の差別化や、四番隊の斎藤と三番隊の井上が、なぜ「槍頭」を付されたのかなど、疑問点は少なくない。だが、新選組は壬生寺で開始された軍事調練を、長州征伐の出戦に直結するものと踏まえて、新「行軍録」を、まさにその際の出軍隊形として改めて作成したのだろう。

新選組の幹部一同と土方健之助との歓談は、まさに征長一色で盛り上がっていたに違いない。

九月二十二日、井上源三郎は、大坂にいる兄の松五郎に手紙を認め、

京都の御儀は、局中先生（近藤）初め、土方、沖田、永倉、武田、藤堂、斎藤その外一統無事にあい勤めおり候。

と認めている。名前を示された斎藤もその日を待ち望む中で、新選組への出軍要請はいっこうに下されなかった。

幕府は新選組が置かれている現状を重視していた。多くの実績を積んできた上に、百五十名あまりもの隊勢となった傭兵集団は、京都の治安に欠かすことができなくなっていたようだ。

十一月七日、幕府は諸藩に長州出兵を命じた。ちょうどその日、近藤勇は実力行使にも似た行動を行なっている。幕府が派遣する長州尋問使に随行員として加わり、長州本国入りをはかったのである。

近藤は新選組がいずれ派遣され、攻略するであろう長州そのものを、先駆して実見することを望んだのである。さらに情報分析も必須だった。そのため、近藤はこの西下に、いずれ「軍奉行」として出軍に帯同させる予定だった伊東甲子太郎や武田観柳斎を伴った。

近藤にとって一命を賭した出張だった。離京前に国許に宛てた手紙には、もしも京都へ生還をしなかったときには、天然理心流の後継を沖田総司に委ねるとの「遺言」まで認めている。

だが、新選組を敵視する最大要因となった、池田屋事件での長州勢の怨念は強力だった。広島で対した長州の代表者たちは、近藤らの本国入りに激しく抵抗した。

辛くも岩国まで進んだ近藤一行は、その先の進行を拒否され、なす術なく十二月二十二日に帰京した。

翌慶応二年一月、近藤は幕府の使節に加わり、再び西下の途についた。広島を拠点に人的交流などを行なっており、このさいも伊東甲子太郎が帯同した。

伊東は行程の途中で近藤とは別行動をとり、帰京も近藤とは別途になった。四月十四日に帰京する近藤に先行する形で、三月二十七日に帰京している。

幕府の援護を受け、公務としてなされた二度の西下は、伊東の個人的な人脈形成にも利用されていったのである。

やがて伊東は、近藤との間にきたし始めた齟齬を拡大させていく。

だが、それでも近藤は征長に腐心していた。隊士の山崎丞と吉村貫一郎を長州に潜入させ、幕府の征長戦の状況を報じさせていたのである。近藤は両者を慶応元年十一月の西下時に帯同しており、そのまま長州周辺での潜入探索を行なわせていた可能性もある。

六月七日、幕府が、長州へいたる四方面（四口）から砲撃を加える形で、征長戦は開始された。

山崎らは六月十五日に、十三日から開かれた芸州口での幕府軍と長州軍の戦闘を偵察し、近藤に報告書を送っている。

そこには幕府軍の劣勢状況が示され「（幕府軍が）はかばかしき義もこれなし」（『莠草年録』）と吐き捨てるように記されている。読み手の近藤は、忸怩たる思いで報告を読んだことだろう。

戦局は幕府軍の劣勢のうちに進んだ。やがて七月三十日に、小倉口での戦闘の末に、提督の老中小笠原長行が拠点としていた小倉城が落ち、幕府の敗勢は決した。

新選組が、洛中で日々の公務である市中巡察を行ない続けていた中で、長州征伐は幕府の一方的な敗北で終結したのだった。

ちょうどその頃、土方歳三は国許に宛てた手紙で次のように書いている。


当局人数（長州へ）出張仕らず、京師に在陣、定めて因循と世人申し候事に御座候。しかしながら凡人の知るところにこれ無く候。遠からずをもって、都において一戦もこれあるべき事に御座候。


いっこうに長州へ向かわなかった新選組を、京雀たちは「因循」（ぐずぐずしていること）と噂していたという。さきには「軍中法度」を整え、「行軍録」にあわせた新選組の進軍を、日々夢想していた土方には、耐えられないほど屈辱だったろう。

一方で土方は、遠からぬ日に、京都で長州軍との一戦が勃発すると記していた。驚くことに、この「予言」は一年数カ月後に現実のものとなるのである。

斎藤一も、長く熱望したであろう新選組の長州への出戦は、果たされることなく終わったのだった。

IV　孝明天皇御陵衛士

分離脱退

勇は「然らば斎藤氏をお連れ下されても苦しう御座らぬ」と承諾した——

慶応二年（一八六六）の冬に作られた新選組の総員名簿が伝わっている。総員百十二名が記載され、組頭については、順に、

沖田総司　永倉新八　井上源三郎　斎藤一　藤堂平助　山崎烝　原田左之助　三木三郎　尾形俊太郎

の名前が記されている。

ちなみにこの名簿では、伊東甲子太郎が新設の「参謀」に任じられている。

長州征伐の終結とともに、伊東は諸藩士や活動家らとの接触や会談を、より積極的に展開するようになっていた。

そんな伊東の活動に、近藤勇は配慮をしていたのだろうか。新設の「参謀」がどのような職掌を担っていたのかは判然としないが、外部の第三者との接触を進める上で、大いに効奏するものだったようだ。

伊東はそれまでの組頭から昇格する形になった。

また、四月一日に谷三十郎が急逝していた。斎藤一が祇園社の石段下で谷を殺害したとの根拠不明の話があるが、あくまでも作家による創作である。

谷は少年時代から飲酒癖があり、次第に体を衰えさせていたようだ。これが死因となったとみられる。

伊東と谷が離れたことにより、組頭の異動がなされ、山崎、尾形、そして伊東の実弟の三木が、それぞれ昇格した。

斎藤ら試衛場以来の五名と原田は、それぞれが従来のまま、一番から五番隊と小荷駄隊を統率し、六番以降を新たな三名が担当したようだ。ちなみに慶応二年十二月の時点で原田を「七番組頭」とした記録が『新撰組始末記』に引用されている。出典不明だが、時に小荷駄隊組頭からの一時的な異動が行われていたのかもしれない。

京都の三井両替店が同年九月に認めた「新選組金談一件」によれば、頭（組頭）には金十両、平（隊士）には二両の金子が毎月支給されていたとある。斎藤一も、日々、充実した暮らしぶりを送っていたことだろう。

ほどなくして、伊東は突発的に、近藤らから危惧される行動をとる。京都に出立する前から伊東の腹心格の存在だった篠原泰之進が筆記した『泰林親日記』にのみ伝えられる記録だが、慶応二年九月二十七日と二十八日の両日、伊東は篠原とともに近藤の妾宅を訪ね、天下の形勢を談じながら、近藤と土方に、新選組から分離して活動する許諾を求めたという。

二日間の会談の末、二人は伊東らの分離を認めたと篠原は伝える。

伊東らの新選組分離はそれから半年以上も先のことだった。そのため篠原の記録は時期的に疑問が残される。だが、この頃から、近藤と伊東の間に隙間が生じ始めていたのも事実である。

やがて、不穏な出来事が勃発した。永倉新八の晩年の回想録「永倉新八」にのみ紹介されたものである。

慶応三年の元日、島原の角屋《すみや》に、多数の新選組隊士が登楼した。伊東甲子太郎と三木三郎、さらに、服部武雄、加納鷲尾、中西登、内海次郎、佐野七五三《しめ》之助といった、伊東にごく近い隊士たちである。さらに永倉新八と斎藤一も登楼のメンバーに加わっていたという。

その後、彼らは馴染みの遊女らを呼び寄せて宴席を開き、次いで二十名あまりの隊士たちがこの宴に合流した。

当時新選組では帰隊の門限に後れた者に処罰が与えられており、隊士たちはその日のうちに戻っていった。伊東に近い者たちも戻っていったが、なぜか伊東は、斎藤と永倉に、この後も帰隊せずに、角屋に流連《いつづけ》するように求めたのである。

両人はこれに納得し、一同はついに一月四日まで角屋に居続けた。

新選組からの帰隊命令を受け、彼らはやっと戻ったが、それぞれには謹慎処分が下された。伊東は近藤の部屋、斎藤は土方の部屋、永倉は別室で謹慎したという。

近藤は彼らの切腹をも見据えていたが、土方の執り成しで留意した。斎藤と伊東は二三日後、永倉は六日後に許されたという。

この出来事が事実であれば、伊東は自身に対する近藤の視座を、見極めようとしたのだろうか。あらぬ反抗行動に対しても、自分の生命に害が及ばないことを、伊東は確信したのかもしれない。

永倉新八は付和雷同的に、この角屋流連に加わったのかもしれないが、斎藤については微妙なものがある。

この二月後、斎藤は伊東とともに新選組を分離脱退することになる。伊東らの行動を把握し、近藤や土方に報じる間者活動を託されてのことだった。

この一件以前より、斎藤は伊東への接近を始めていたのかもしれない。永倉らが伝える記述には、角屋の登楼メンバーに、かつて伊東の門人でもあった藤堂平助の名前はみられない。だが、おそらく斎藤は、藤堂を媒介させて、伊東に接近していたのではないだろうか。

また、流連後に斎藤が土方の部屋で謹慎をしたという永倉の回想にも、微妙なものがある。組織の公安面を担う土方と、事前事後にわたって、十分な打ち合わせを行なったとも考えられようか。

その後伊東はただちに京都を離れ、撃剣師範で側近的な存在でもあった新井忠雄を伴い、九州を巡歴し、中岡慎太郎ら、多数の活動家らと交流した。さらに前年末に崩御した孝明天皇の墓所である泉涌寺の塔頭戒光寺の堪念を頼り、孝明天皇御陵衛士という、分離後の立場も整えている。

次のステージに向け、精力的に活動を展開していったのである。

伊東本人の記述した「九州行道中記」によれば、三月十三日、伊東は近藤らと面談し、新選組からの分離要請を告げ、正式に認められたとある。これが、篠原泰之進が前年九月のものと伝えた、分離会談だったのだろう。屯所となる宿舎の手配や、会津藩公用方らへの挨拶もぬかりなく行なった伊東は、三月二十日、新選組を離れた。

『慶応雑聞録』によれば、孝明天皇御陵衛士となったのは、以下の者たちだった。

去る二十日、二十一日両日の間、新撰組の脱走左に。
伊東甲子太郎　三木三郎　篠原泰之進
斎藤一　服部武雄　新井忠雄
加納鷲尾　内海次郎　毛内有之助
阿部信次郎　橋本会（皆）助
右十一人
藤堂平助　富山弥兵衛　斯波良作
清原清
右先日脱局、これも同意と察せられ候事。

伊東以下十名のほかに、前もって加盟を意思表示して、新選組を離れた四名がいた。

ちなみに四名のうち富山弥兵衛は、三月二十七日と二十八日の両日、長州萩の藩士宅を金策に訪れ、酒の接待を受けながら、会津への悪口を語っていたことが『久保松太郎日記』に伝えられている。

分離脱退以後も、彼らは全国規模での金策活動を行なっていたようだ。

分離脱退した十五名の中に、斎藤一の名前がある。「永倉新八」によれば、分離時に伊東は「藤堂平助はぜひとも（同志に）遣ってもらいたい」と伝えた後、近藤にさらなる要望をしたという。

（伊東は）「このほかに永倉氏か斎藤氏をも拝借いたしたい」

と言った。すると勇は
「然らば斎藤氏《うじ》をお連れ下されても苦しう御座らぬ」と承諾した。

斎藤一は剣術の達人であったので、伊東は永倉か何方《どっち》かと乞うたが、斎藤は近藤勇の腹心の者である。勇は一に言い含めて、伊東甲子太郎の真意を探って貰いたいと頼む。彼は一諾の下に、伊東らと脱することに定《き》める。（「永倉新八」）

永倉新八の認識下にもあることから、斎藤が、近藤の意を含められた間者として、伊東とともに分離脱退したのは疑いない。

自身の間者としての資質がどれほどのものであるかは、斎藤本人も未知数だったに違いない。困難な任務を遂行するにあたり、試衛場組に先行して上洛し、根回しや調査を行なったであろう文久三年（一八六三）当時を思い出していたかもしれない。

この分離に際し、伊東とは上洛以前からの同志だった佐野七五三之助を同道することができなかった。

伊東に近いと目されながら、佐野と同じく新選組に残された茨木司について、御陵衛士の一員になった阿部信次郎は、後年「（茨木は）勉強家でございますから、近藤は非常に惜しみまする」（『史談会速記録』）と語っている。

佐野は「新選組金談一件」に、慶応二年に新選組の勘定方を勤めていたとの記述がある。組織の機密を知る者として、分離脱退を許されなかったのだろう。佐野はまた、かつて斎藤の五番隊に長く所属した隊士だった。斎藤も違和感を感じていたと思われる。

新選組は、伊東らの分離にあたり、大変に厳しい規律を作成していた。

今後互いに脱隊して、新撰組より御陵へ、また御陵より新撰組へ付属を願う者あるも、決して許すべからずと。

その後、新撰組より脱して御陵守護に至り、付属を願う者往々これありしも、初めの約を堅く取りて入隊を許さず。その者新撰組に帰れば直ちに切腹を命ず。（「近藤勇の事」）

今後の互いの異動をいっさい禁じ、違反者には切腹を規定したのである。この規律が、後日、佐野や茨木にとって、最大級の悲劇を生むこととなる。

予《あらかじ》め、帰隊の保証は約束されていただろうが、この規律を見て、斎藤は与えられた任務の難しさや厳しさを否応無く実感していたことだろう。

伊東甲子太郎以下御陵衛士らは、分離当日、三条通に面した城安寺で過ごした後、翌二十一日から五条橋東にあった善立寺に移り、ここを屯営として活動を開始した。

御陵衛士斎藤一

斎藤意を決し…抜打ちに武田の背後より大袈裟に切る──

御陵衛士らは、慶応三年（一八六七）六月に、屯営を東山高台寺の月真院に移し、反幕府勢力の人物らとの接触を重ねていった。

また、作家の子母沢寛が、明治末年に篠原泰之進の子息の秦泰親《はたやすちか》を取材して得た情報によると、御陵衛士らは、英語や火薬類の研究なども行なっていたという。

間者として加わった斎藤一も、平穏のうちに日々をすごしていたようだ。

ちなみにこの年の某日に、斎藤一が加わった乱闘事件が、四条大橋の上で起こったとされている。

後年宮内大臣などの要職を勤め、昭和十四年（一九三九）までの長寿を保った、土佐脱藩の活動家・田中光顕の、晩年の述懐『維新夜話』による。

ある日、土佐脱藩の同志片岡源馬が、十津川郷士の中井庄五郎らと、四条大橋の上で新選組隊士に遭遇、斬り合いとなった。その新選組は、斎藤一、永倉新八、沖田総司の三名だったという。乱闘の末、片岡は肩と足に重傷を負い、新選組も去っていった。

片岡自身も当時の手紙に、「七日の夕暮れ過ぎ」に、四条大橋上で何者かと斬り合い、肩と足を負傷したことを認めている。事件があったのは事実だった。

しかし、斎藤一らがこの乱闘に加わったとする確かな資料はない。

ちなみに、資料『十津川記事』は、片岡が中井ら数人と四条大橋畔で「新選組と称する幕兵の一群」と衝突して負傷したとし、「数旬」（数十日）の療養後、十津川郷の温泉でさらに治療を重ね、癒えたとある。

片岡と懇意だった中岡慎太郎は、日記に、四月二十五日に彼を見舞い、五月二十九日に同人が京都を出立して「入山」したと記録している。

中岡の記述から「七日」に四条大橋の事件が起きたのは、四月のこととわかる。

なぜか田中光顕は、この場に、斎藤、永倉、沖田の三名を登場させた。いずれも一時期、新選組の撃剣師範を担当した、屈指の剣士たちである。

さきにも触れたが、新選組隊士だった阿部信次郎（十郎）は、明治三十二年（一八九九）に、幕末維新の体験を語る史談会で、永倉、沖田、斎藤の名前を挙げ、それぞれの優れた剣の技量を語った。

田中光顕は、かつて大坂焼き討ちを計画したため、元治二年（一八六五）冬に新選組に追及された過去を持っていた。

幕府にいじめられていても仕方がないから、大阪へ出て（中略）家茂将軍のいる大阪城を焼討しよう──へんな話だが──と計画していたところを、誰か密告する者があったために、新選組の谷万太郎という者が大将となって襲うて来た。私は折よく同志を訪ねて留守だったが、帰ってみると皆殺《や》られておった。

（一九三七「百年の思ひ出ばなし対談会」）


生涯、新選組へ格別の感慨を持った田中は、『史談会速記録』として公刊された阿部信次郎の回想を読み、新選組屈指の剣士三名を、片岡源馬の対峙者として登場させたのかもしれない。

もちろん対峙した者たちが新選組だった可能性はあるが、ここに斎藤一が加わっていたとするのは極めて疑問である。事件の起きた四月七日には、斎藤は御陵衛士に加わっており、すでに新選組から離れていた。表向きに御陵衛士加盟者の新選組合流が隊規で禁じられていた以上、斎藤が沖田や永倉とぶらぶらしている可能性はない。

また、沖田総司もこの頃から持病の肺結核が目に見えて悪化していた。

四条大橋で片岡に対したのは、まったく異なる者たちだったはずだ。

この時、片岡とともに一行と斬り合ったのが十津川の中井庄五郎だった。田中光顕が伝えたような四条大橋での対峙はなかったはずだが、この年の末、彼と斎藤一は、激しく刃を交わすこととなる。

そのことからの後付けだったか。

隊規に反して、後日になって新選組から御陵衛士に加盟を求めてやってくる者たちは少なくなかった。新選組は、規則に沿って彼らを切腹に処した。

六月十三日には、御陵衛士に合盟できなかった佐野七五三之助や茨木司が、新選組を指揮下に置く会津藩の本陣へ出向き、超法規的措置による御陵衛士への参入許可を求めた。

これに先立つ十日、幕府は新選組総員に幕臣としての格を与えている。御陵衛士に繋がる者としての矜持から、幕臣の格を決して受け入れられない佐野らは、新選組からの脱退を決意したのである。

会津本陣では近藤勇らとの会談の場も整えられたが、脱退希望は許されぬまま、佐野らは本陣内で切腹した。

六月十五日のことである。ちなみに新選組はこの日、佐野らの葬儀を執行した後、西本願寺から新たに南方の不動堂村に整えられた家屋へ屯所を移転している。

佐野らの切腹は、伊東甲子太郎ら御陵衛士にとっては到底納得し難い事態だった。

それから間もなくして、一人の新選組隊士が暗殺された。長く組織のブレーンの位置にあった武田観柳斎である。「新選組金談一件」によれば、武田は慶応二年十月に新選組を脱退していた。その後京都で独自になんらかの活動を行なっていたらしい。

肩先から「大袈裟」に斬り下げられた武田の遺体は六月二十二日に、油小路竹田街道で発見された（『世態志』）。

西村兼文の『新撰組始末記』は、事件は慶応二年九月二十八日のこととする。隊中での存在感が薄らいでいた武田は、伊東甲子太郎らとの接触も図るが、敬遠されたという。そこでやむなく新選組を離れ、薩摩藩を頼ろうとした。

新選組による送別の宴が開かれた後、武田が向かう伏見の薩摩邸まで、斎藤と篠原泰之進が護衛として同道した。二人には、近藤から武田の殺害が命じられていたという。

油小路通を南進したのち、一行は鴨川に架かる銭取橋にたどり着いた。ここで斎藤が背後から武田を袈裟掛けに斬ったという。

いよいよ加茂川筋竹田街路土橋（俗〔に〕銭取橋）へ掛かりたる頃は、戌刻過ぎにて往来絶えて人かげ見えず。これより以南、竹田村に出、本街道に掛かりなば、往来繁く手を出すに煩わしければ、斎藤意を決し、仮橋を渉るや否や、抜打ちに武田の背後より人袈裟に切る。ついで篠原も一太刀切込みたり。武田、最初の深手に一言もなく即死す。（『新撰組始末記』）

致命傷になった部位や殺害現場について、西村の筆記は『世態志』とも一致する。

実際に武田は、御陵衛士らとの接触を求め、屯所を訪れたのかもしれない。佐野らの切腹で御陵衛士らが悲嘆に暮れる、最悪の状況下だった。

武田には人格的な難点を伝える記録が少なくない。そんな武田との同盟は、当時彼が新選組を離れていた人物であっても、受け入れられない選択だった。

『新撰組始末記』が、武田の刺客とした斎藤と篠原は、当時、ともに御陵衛士になっていた。屯所を訪れた後、武田と同道して、いずれかへ向かうことは両者とも可能だった。

これ以上の新選組との軋轢を避けるため、御陵衛士サイドは武田を独自に処断してしまったのかもしれない。

御陵衛士としての斎藤が、この処断に関わったことを否定することはできない。

伊東甲子太郎や御陵衛士らは、めいめい各地を巡り、多くの人物に接触するなど、精力的に行動を行なっていった。

その一方で、伊東は新選組を後方支援するかのような活動もしている。

会津藩の十月十日付の機密文書の中に、新選組が土佐陸援隊に間者として送っていた村山謙吉と、伊東甲子太郎から、それぞれ薩摩や陸援隊士らによる会津本陣や二条城の襲撃計画があると報じられた旨が記されている。もちろん討幕派にとって、これは敵対行為の内通にあたる。

倒幕派らから元新選組というレッテルを危惧されることも少なくなかったであろう伊東は、新選組との間に保険としての一線を保とうと考えていたのかもしれない。

武田観柳斎の処断のほかに、御陵衛士としての斎藤の動きがみられる史料が残されている。

八月八日、衛士らは朝廷と幕府に宛てて、建白書を上書した。「国家存亡の急務は、長防御処置の振合いにより候こと」として、前年に幕府軍と砲火を交えた長州藩へ寛典を与えるよう嘆願したものである。

上書の末尾には、以下の十一名の名前が記される。

伊東甲子太郎　斎藤一　藤堂平助　三樹（木）三郎　藤（新）井忠雄　篠原泰之進　服部武雄
加納鵬（鷲）雄（尾）　阿部真（信）一（次）郎　毛内有之助　橋本兵（皆）助　（「新聞書」）

注目されるのは斎藤の掲載された位置である。伊東に次ぐ二番目にあり、また藤堂平助がこれに次いだ。

永く新選組の組頭として培われた彼らの知名度は、幕府へも嘆願されるこの上書の記載位置に、関係していたのかもしれない。

切望しながらも実行できなかった征討戦の敵対勢力に、寛典を求めるように嘆願するという上書の内容は、斎藤一にとって耐えがたいものだったかもしれない。しかし彼は、何事もないかのように、伊東に次ぐ二番目に署名した。

さらに、このような史料も残されている。

元平戸藩士で、後に滋賀県知事となった籠手田安定《こてだやすさだ》が綴った一節である。

（十一月）十六日夜、土州の坂本龍馬暗殺せらると聞く。これは松山の浪人にて新選組にあるが、脱走して山陵衛士を勤むる伊東甲子太郎、斎藤一、藤堂平助、三樹三郎の所為なり。二十四日に七条油小路に殺さる。

（『史料県令籠手田安定』）

情報が錯綜する中で書かれたものとみられ、内容も混乱する。『松山の浪人」は、御陵衛士らの証言により、龍馬暗殺に加担したとの疑念をもたれた原田左之助のことである。

だが、籠手田は、龍馬暗殺は御陵衛士が行なったとの出処不明の情報を得ていたようだ。中には斎藤や藤堂の名前もある。

坂本龍馬の暗殺があった十一月十五日の当日、伊東甲子太郎は藤堂をともなって面談し、龍馬と中岡慎太郎に、身に迫る危機を伝えたという（『新撰組始末記』）。これが事実かは不明だが、御陵衛士の微妙な立ち位置や、龍馬への接近は、当人の暗殺に際して、周辺から疑義を招くものとなったかもしれない。斎藤と藤堂の「前歴」も、周囲には知られていただろう。

伊東による会津藩への機密告知も、前歴に基づく、討幕派からの疑念が継続する中で、行なわれていったのかもしれない。

籠手田の伝える御陵衛士のテロリストたちが、八月八日の建白書と変わらぬ順番で並べられていることには疑問が感じられるが、斎藤一を龍馬暗殺犯とする記録は、他には未見である。

龍馬暗殺時には、斎藤は間者としての活動を終え、新選組に復隊しているが、事実無根のこうした風聞が耳に入った時には、さぞや複雑な思いを味わったことだろう。

島原の相生太夫

斎藤は桔梗屋の相生太夫…馴染みの妓女を招び寄せ、羽目を外して騒ぐ——

回想録「永倉新八」によれば、慶応三年（一八六七）元日に伊東甲子太郎や斎藤一、永倉新八らが島原角屋で宴席を開いた際、めいめいが馴染みの花妓たちを揚げたとの記述がある。

春の新装も眩《まばゆ》い兼吉《かねきち》、玉助の芸妓に半玉の小久《こひさ》、飲むほどに歌うほどに酒も廻り、興趣ますます湧いて来て、伊東はついに輪違屋《わちがいや》の花香《はなか》太夫、斎藤は桔梗屋の相生《あいおい》太夫、永倉は亀屋の小常《こつね》という、芸妓と各々馴染みの妓女《おんな》を招《よ》び寄せ、羽目を外して騒ぐ。

島原は天正七年（一五七九）に公許を受けて開設され、慶長七年（一六〇二）に六条柳町に移転、さらに寛永十八年（一六四一）に朱雀野の地へ移されて発展を遂げていった京都最古の花街である。

新選組が当初屯所を構えた壬生からは一キロ圏内にあった。当時は壬生屯所の周辺にも、壬生寺の茶屋に起因した遊店が軒を連ねていたが、隊士たちはもっぱら島原に通った。

夜になると屯所から多数の灯が見え、風に乗って弦歌や嬌声も屯所に聞こえてきたと伝わる（一九一四『維新英雄情史』)。
島原は安政六年(一八五九)に大火に遭った。「今まで美しく軒を並べていた紅楼《こうろう》の七十余戸は全部見るも無惨な灰塵となり果てた」(「島原の今昔」)という被害を受け、規模を縮小させていたが、新選組は芹沢鴨以来、この街を深く愛した。

角屋への流連事件があった慶応三年に編まれた、京都の花街別に、抱える花妓の源氏名を店ごとに紹介した「四方のはな」と題された史料が残されている(『新撰京都叢書』)。同書には、当時島原にあった、輪違屋、桔梗屋、木津屋、亀屋、井筒屋という五軒の置屋が抱える花妓らの名前も、店別に掲載されている。

遊興の際は、それぞれの置屋から、宴会場となる揚屋に、花妓らを招くことになる。

永倉が示した内、三人の芸妓の名が「四方のはな」に確認された。桔梗屋の芸妓に「玉介」の名があり、店は亀屋ではなく木津屋だが、芸妓の中に「小常」の名前があった。

小常はこのあと永倉に落籍《ひか》され、一粒種の磯子を出産したが、慶応三年末に病没した。

さらに輪違屋が抱える五名の太夫の中に、花香太夫が確認された。伊東甲子太郎が島原で馴染んだ花妓のことを、永倉はその置屋にいたるまで、確実に記憶していたのである。

伊東甲子太郎には、現東山区の宮川筋二丁目に愛妾宅があったとの史料が残される(『編年雑録』)。もともと伊東は江戸で婿入り婚をしていたが、上洛後、遠国での別居に耐え切れない妻は、伊東の東帰を望むあまり、母親が病気だと嘘を綴った手紙を送ったという。急遽帰郷した伊東は嘘を伝えた妻を叱責し、離縁したと伝わる。

文武両道で眉目秀麗でもあった伊東を慕う花街の花妓は、決して少なくはなかったことだろう。彼が宮川町二丁目に抱えたという愛人は、落籍した花香太夫だったのかもしれない。

ところで「四方のはな」に掲載された、遊女では最上級の格となる太夫は、十名が確認される。この中に相生太夫の名は認められなかった。

ちなみに明治四十四年（一九一一）に、京都の『日出新聞』に「島原の今昔」と題した連載が載った。幕末の島原を知る者たちからの取材も交え、花街の歴史をたどったものである。

この記録によれば、明治四十四年の島原には二十六名の太夫が在籍していた。ただ源氏名に関しては、唯一「光扇《みつおうぎ》太夫」が「四方のはな」に載る十名と一致するのみだった。「島原の今昔」には、明治期の光扇太夫は島原の「明治の四天王」の一人に挙げられる存在で、顔もよく、「芸も達者にできるし、字も良く書く」女性だったとある。

ちなみに「四方のはな」に載る光扇太夫は、桔梗屋の抱えだった。

元治元年（一八六四）春に多摩郡蓮光寺村の名主の富沢政恕《まさひろ》が京都を訪れた。近藤勇や試衛場の門人たちとも知遇のあった富沢は、在京中に何度か彼らと交流している。

三月五日には、近藤以下の面々が、木津屋の揚屋で富沢を接待する宴を開いている。その折、新選組は光扇太夫をはじめ、多数の花妓や芸妓を宴席に呼んだ。ちなみに木津屋は、当時置屋と揚屋を隣りあわせて営業していた。

その日の宴を、富沢は日記に次のように認めている。

五日（中略）この日、近藤、土方、沖田、藤堂らの誘引に伴い、我は菅沼氏、白鳳、清山、南明を従え、島原の木津屋清三郎の楼に於て桃花の宴を開く。当廓の名妓、光扇太夫、金太夫、光綾《みつあや》太夫、馴君《なきみ》（太夫）、及び芸妓、舞子ら三十余人、席上に居並び、祝杯巡りて、芸妓は三絃、鼓、太鼓の調べを奏し、舞子は錦繍の袖を翻す。

こき交て柳桜のから錦
　都の春ぞゆかしかりける
春の夜も、はや暁告げる鶏の声に促されて立帰りぬ。
（『旅硯九重日記』）

新選組は六日後の十一日にも木津屋で宴を開き、富沢を招待した。
この華麗な宴席に、斎藤一も加わっていたかもしれない。

十一日（中略）近藤、土方、井上、沖田、藤堂、竹田《ママ》等、西廓なる千紅万紫楼《せんこうばんしろう》に於て花見会を催すに付き、吾が出席を誘い（中略）島原の木津屋に至る。楼上の事は先例に譲りて記さず。ただ廓中桜花盛りにして、出口の柳みどり也。
（『旅硯九重日記』）

木津屋は別名千紅万紫楼《せんこうばんしろう》と呼ばれていたらしい。芹沢鴨が傍若無人な振舞いをみせたとされる老舗の揚屋、角屋に遠慮したものか、新選組は芹沢の粛清後、木津屋を率先して利用していたようだ。武田観柳斎とも思しき幹部も顔を見せたこの日の宴に、斎藤一も臨席していたのではないだろうか。富沢は在京中の備忘記に、木津屋で再度の宴が開かれた十一日付で、詞書を添えて次のような俳句や和歌を記している。

　再び光扇にまみえて
見直せば色まさりけり糸柳
青柳や一雨ごとに深くなり

九重の花をふたたびみつ扇
　千代よろづ代のかさしにやせん

（『書控帳』）


十一日にも木津屋でまみえた光扇太夫に、富沢はひどく心を奪われたのである。

その後、富沢は二十三日に大坂で購入した眉墨に和歌を添えて、光扇太夫に贈答している。

後世まで源氏名が継承される遊女には、遊客を誘う、格別な魅力があったのだろう。

残念ながら斎藤一が馴染んだという相生太夫は「四方のはな」には記載されていなかった。

同書によれば、相生太夫の抱え先だったと永倉の伝える桔梗屋が、当時抱えていた太夫は、光扇太夫のほか、光人太夫、高砂太夫のあわせて三名である。源氏名は永倉の誤認で、三名のいずれかが、斎藤の愛した太夫だったのかもしれない。

もしそれが、新選組ゆかりの武州人をも魅了した光扇太夫なら、いっそう興味深い。

ちなみに井筒屋が抱える天神（太夫より一つ下の格の遊女）に「梅の井」と「玉の井」という花妓があった。源氏名の響きのみが類似するが、残念ながら同一人と見るのは無理がありそうだ。

名前の判然としない島原の花妓と、斎藤一は、実はその後も、想いを重ねていったらしい。

「七条油小路事件」の項で触れるが、相生太夫とも思われる斎藤とは馴染みの花妓が、その後、祇園に移って芸妓となり、慶応三年十一月の時点で、斎藤との関係を続けていたとの記録がある。

その後、二人はどのように馴染み、そして離れていったのだろうか。目まぐるしく推移した慶応三年の斎藤の動向は、どれほど彼女の心を案じさせたろう。

のちに高木時尾という生涯の伴侶を得た斎藤一が、新選組時代に京都で触れあった女性の確かな記録は、現在のところ見いだされていない。

V　京都落日

七条油小路事件

副長助勤斎藤一氏、公用をもって旅行中のところ、本日帰隊、従前どおり勤務の事――

御陵衛士の篠原泰之進は、自身の認めた『秦林親日記』に「江戸人斎藤一、卯十一月十日出奔反復」と綴っている。

慶応三年（一八六七）十一月十日、斎藤一は御陵衛士を離れ、新選組に復隊した。不動堂村屯所へ戻った斎藤を、隊士の池田七三郎が目撃していた。池田は土方歳三にとって二度目となる、この年の江戸での隊士募集に応じ、入隊したばかりの人物である。後年、稗田利八を名乗り、長寿を保った池田は、晩年に子母沢寛の取材を受けて、往時の体験などを語っている。

そこの板敷きで、草鞋を脱いでいる人がいる。隊士達が二三人、側へ寄ってお辞儀をしたり、何にか片づける世話を焼いたりしているので、

「何んという人だろう」

と思っていると、その晩、飯の時に、

「副長助勤斎藤一氏、公用をもって旅行中の処、本日帰隊、従前通り勤務の事」

という掲示が出た（後略）　（「新選組聞書」）


復帰は淡々と行なわれたらしい。

斎藤は、この日、月真院の御陵衛士屯所から、突然姿を消した。

御陵衛士としてともに活動した阿部信次郎（十郎）は、後年史談会で、斎藤の逃亡についての見解を語っている。

私どもの同志のうち、斎藤一郎《ママ》という者が居りましたので、彼は殉難録稿（殉難した維新志士の小伝集）には近藤が我々の所へ密使に入れたように出て居りますが、これは決してさようではございませぬ。斎藤一郎も全体唯剣術を使いますだけで、国家の何物たるや、或いは勤王の何物たるやを弁《わきま》えぬ人間で、始終、近藤に付いて居ったのでございます。
全体この人は女にのろい奴で、島原に自分の馴《なじ》みの太夫がござりまして、それが後に祇園の芸者になりまして祇園に参って居りました。その時分には私共は高台寺に居りましたから、それがために斎藤はその女にはまって逃亡を図りました。（中略）
伊東甲子太郎が五十円の金の包みを机の抽斗《ひきだし》に入れておいて（中略）その留守に斎藤が五十円を持ち出して帰って来ませぬので、所がそういう人間ですから、自分の女の所へ行ってその金を使って仕舞ったものですから帰ることが出来ませぬ。そこで近藤の所へ行って我々の密事を告げましたので、それから近藤勇は大いに驚きまして、どうもそうしては置けぬということになりまして……

（一九〇〇『史談会速記録』九十輯）

談話者の阿部は、「撃剣師範」の項で触れた、斎藤の剣術の技量について史談会で証言した人物である。

阿部の証言を信じるなら、斎藤は御陵衛士としての活動中、間者としての使命をまったく気取られぬままに行動していたものとみられる。

その活動中に斎藤は適時、御陵衛士らの行動を近藤勇や土方歳三に通達していたとみられるが、残念ながらその様子を伝える記録はない。阿部の回想を見る以上、まさに理想的な間者だったのだろう。

御陵衛士からの離脱には、何かしらの決定的な転機もあったとみられる。

永倉新八は、次のように綴っている。

伊東甲子太郎、ついに逆意顕す。近藤勇始め、その外役人残らず殺害いたし、自分が新選組大隊長となる事を一同へ咄し、就いては新選組風並みよろしき節に焼き打ちにいたさん。逃げ出す所を討つ心得、この条斎藤一聞くより高台寺を脱し、近藤、土方の妾宅へ参り、注進に及ぶ。

（『浪士文久報国記事』）

また永倉は後年、伊東が近藤の暗殺計画を考えていたため、率先して斎藤が刺客役を願い出たとしている。その後斎藤は、急いで近藤へ報告に戻り、こう語ったという。

「隊長の内意を受けて高台寺に起臥すること約《およ》そ六カ月、ようやくかの伊東の心底を見届けて御座る。その次第は斯々《かくかく》の相談」と、結局来る二十二日を以て、拙者が近藤氏を斬るを合図に、伊東一味の者は本願寺学林に居《お》る新選組幹部を殺害し、隊士は説得して同志にすること、即ち真の勤王党として伊東の幕下にしようとの一切の秘謀を打ち明け、「最早猶予はあいなり申さず。早速お手配あって然るべし」
（「永倉新八」）

永倉はいずれの記録にも、斎藤が伊東の企てる新選組への過激なテロ活動を告知したとの立位置をとっている。

もちろん否定はできないが、御陵衛士がこうした計画を立てていたと考えるには、いささか曖昧な感もある。

十月十五日には大政奉還が勅許された。平行して討幕の密勅も進行していた。伊東や御陵衛士とも関わりの深い薩摩系の人物も、密勅の背後で動いている。間者とは気取られぬまま、斎藤は、最幕末の政局に蠢く魑魅魍魎の動きをより近くで察知していった。得てゆく情報の数は最高機密に近い。

めまぐるしく展開していく暗部に、幕府はもとより、新選組の今後をも危惧した斎藤は、思い余って腰を上げたのではないだろうか。

月真院からの脱走に際しても、斎藤は策を図った。伊東の持っていた活動資金を奪っていったのである。阿部信次郎は、斎藤がこの金を女のために使ったと証言している。

阿部が斎藤の女とした元島原の太夫とは、おそらくは「永倉新八」が伝えた島原桔梗屋の相生太夫だったのだろう。

女は島原で築いた地位を捨て、祇園の芸妓に転身していたのだという。

これが相生太夫だとしたなら、彼女の転身は、島原に近い西本願寺から、最終的に月真院に移った斎藤を追ってのことだったのかもしれない。

阿部が源氏名を伝えていないことが悔やまれるが、島原出身の花妓は斎藤一に永く深い想いを重ねていたようだ。

彼女の存在は御陵衛士らも知っていた。斎藤の逃走後、衛士らは彼女のもとへ追及に向かったのだろう。

しかしすでに遅かったかもしれない。あくまでも想像だが、斎藤は月真院を出た足で彼女のもとを訪れ、持ち出した金子を託して、姿をくらますように伝えたのではないだろうか。

これが相生太夫とされる愛人と斎藤一の永訣となったかもしれない。

御陵衛士が企んだとする過激なテロ計画については、永倉新八の独自の思いによるものだったのかもしれない。だが、戻ってきた斎藤からの報告に、近藤や土方は確かに危機感を感じたのだろう。御陵衛士が日々展開していく討幕派との接触を、斎藤は熟知していたに違いない。

斎藤一の帰隊から日を経ぬうちに、新選組は、伊東甲子太郎の暗殺へと舵を切るのである。

十一月十八日、近藤は七条醒ヶ井にあった妾宅に、伊東を招いた。当日、月真院にいた御陵衛士の毛内有之助関連の記録を集めた『毛内監物青雲志録』によれば、伊東は、御陵衛士に不信感を持つようになった新選組に対して「不知にては、双方のためお助けにもあいならず」と伝えるため、近藤を訪ねたとある。

近藤が伊東に宛てた招請状には、関係の保全を目的にした、トップ同士の会談が内示されていたのかもしれない。

土方も同席する宴席で、伊東はしたたかに酔った。その帰路を、内命を受けていた大石鍬次郎や宮川信吉らの隊士が待ち受け、伊東は暗殺された。

伊東の遺体は七条油小路の辻に運ばれた。月真院には町役人から「何者か、前刻伊東氏へ深手を負わせ候間、早々に御引取下されたし」（『編年雑録』）との急報が入った。

居合わせた篠原泰之進以下八名の衛士は動転し、急いで現場へ急行した。

駆けつけた一同が、路上の遺体を駕籠に入れようとしたところを、取り囲んでいた四十名ほどの新選組隊士たちが襲撃した。

戦闘終了後、三名の衛士の遺体がその場に残されていた。藤堂平助、服部武雄、毛内有之助である。

新選組の幹部たちにとって試衛場以来の同志でもあった藤堂平助は、伊東の遺体を駕籠に収容しているところを、真っ先に襲われて絶命した。土方歳三と互角の撃剣の技量を持ち、池田屋事件でも奮闘した俊才は、戦闘の前段でなす術なく死亡した。藤堂の没年は二十四歳。盟友だった斎藤一と同年齢だった。

新選組は伊東ら四名の死者の遺体を回収せず、三日間、そのまま現場に放置した。再度衛士らがやってくるのを待ち受けてのものだったとされる。

晒された形になった伊東らの遺体を、多数の京雀らが恐々眺めていった。

十八日、新撰組巨魁伊藤《ママ》柏太郎、秦阿《ママ》波外弐人、都合四人を七条油小路上ル所にて討ち果たす。柏は正義のよし。幕の奸人が所業なるよし。（中略）柏太郎、阿波の両人の前へ、懐中より落ち候紙入れの手紙あり。故に名前知る。柏太郎、駕籠に乗り居り候由。島原帰りを窺われ候とあい見え申し候。

（『月輪詣』）

伊藤柏太郎とは伊東甲子太郎を指し、秦阿波とは、伊東の参謀格だった篠原泰之進を示す。当時篠原は「秦」姓を名乗っており、秦河内などと自称していた。「阿波」は目撃者の誤認だろう。

伊東は懐中に自身と篠原宛の封書を入れた姿で殺害されたようだ。二通の封書は、騒然とした戦いのさなかに懐中から落ち、伊東らの遺体の前に、さながら斬奸状のように残される形になった。

藤堂平助は伊東の近くで斬られていたことから、目撃者が秦阿波とした遺体は藤堂平助だったのだろう。

近藤勇は、宴席中にこれらの封書を伊東に渡したのかもしれない。彼と御陵衛士の参謀格だった篠原の二人に利するようなことが認められ、伊東をいっそう酔わせる書状になったのかもしれない。

二十一日になって、新選組は伊東らの遺体を引き上げ、壬生光縁寺に埋葬した。

ちなみに翌慶応四年三月十三日に、伊東以下四名の遺体は、ゆかりのあった泉涌寺塔頭の戒光寺墓地に同志らの手で改葬された。葬儀は御陵衛士同志のほか、百五十名が参列した盛儀だった。「四人の面々、疵改めの上にて武装束に致し、あい送り候旨」（『毛内監物青雲志録』）。伊東や藤堂の遺愛品となった佩刀も、この日、遺体とともに戒光寺墓地に葬られたようだ。

伊東甲子太郎は仆れ、御陵衛士も実質的に壊滅した。

斎藤一は復隊に際して「山口次郎」と名前を改めている。

伊東甲子太郎らの分離にあたって策定された相互異動の禁止に伴うものだったのかもしれない。この規則において、斎藤は明らかに違反者だったからである。

山口は本来の彼の姓である。山口一から斎藤一となり、再び山口姓に回帰した。二度目の名乗りにあわせて、一の名を次郎としたのかもしれない。

先述したように、新入隊士の目前で、斎藤は淡々と新選組に復帰したようだが、近藤勇は、御陵衛士残党らによる、斎藤への復讐となるテロ行動を危惧していたらしい。

斎藤の逃走から日を置かずに伊東や同志らは殺害された。彼が間者だったと理解してはいなかったものの、衛士らは不穏な形で消えた斎藤と、油小路事件との関連を追及したものと思われる。近藤は、帰隊後の斎藤こと山口次郎を、早急に隊務に復帰させず、信頼すべき人物に預けることとした。紀州藩の周旋人として、京都の政局で活躍していた三浦休太郎である。

伊東甲子太郎らの殺害日となる十一月十八日、近藤は三浦に一通の手紙を認めた。中に、こんな一文がある。

時下向寒の節、益々御清穆、南山奉り候。陳《のぶ》れば二郎事潜伏の儀、かくのごとき御配慮、多謝申し上げ候。就いては同人儀少々あい用い候事件出来候間、御断りなく引取申し候。併せて逼迫の事、御談話申し上げず、多罪の至り、何れ近々に拝顔。縷々御礼申し上げるべく候。

「潜伏」について「配慮」をいただいている「二郎」を三浦の許可無く、手元に引き取ったことを近藤は詫びている。傍証となるものはないが、時期的に見て、山口次郎に関連する内容と考えられる。近藤は、御三家の政務を担う三浦との縁故を頼り、御陵衛士から離れた斎藤一の身柄を一時の間、預けていたものと思われる。

彼を使おうとした「事件」については明白ではない。ただ、伊東との宴席や、その後の暗殺計画を抱える近藤は、こうした動きの一端として、斎藤になんらかを委任したのではないだろうか。近藤の動きは、ひどく切迫しているようにも見える。

藤堂平助らを殺害することになった戦闘に、斎藤一が加わっていたかは、判然とはしない。試衛場以来の藤堂はもちろん、半年間をともに過ごした御陵衛士の同志を謀殺する場に加わっていたならば、斎藤一改め山口次郎にとって相当の苦慮があったことだろう。

天満屋事件

当夜新撰組大石鍬次郎、斎藤一達等侍共、紀州藩三浦休太郎他を招き、近辺の天満屋旅館で酒宴——

三浦休太郎の許を出て、なんらかの命を果たした後、山口次郎（斎藤一）はついに新選組に帰隊した。

慶応三年（一八六七）三月に、彼をはじめ、藤堂平助や三木三郎といった組頭たちが分離脱退した後、新選組はそれまでの八番プラス小荷駄隊による小隊編成を大幅に変更したようだ。同年六月に、新選組総員に幕臣の格が与えられた際の総員名簿が残されているが、組頭となっている副長助勤は、沖田総司や永倉新八ら六名となっている。また、この名簿に載る一般隊士は七十八名と、それまでより減少していることから、伊東らの分離脱退以後、新選組は、六隊編成に移行していたらしい。山口はそれまでどおり、副長助勤として復隊し、再び組頭を担って一小隊を指揮下に置いたとみられる。

この年四月二十三日、讃岐国箱の崎沖で、土佐の海援隊が伊予国大洲藩から借り受けて商品を搬送していたいろは丸の右舷に、紀州藩艦の明光丸が衝突した。四倍以上の大きさのある巨艦の勢いに、いろは丸は大きな損傷を受け、衝突後に瀬戸内海を曳航中、積み荷もろとも沈没する。

その後、海援隊長の坂本龍馬は航海法や人脈を駆使して、紀州藩の代表となった勘定奉行の茂田《しげた》一次郎《かずじろう》らと、長崎で賠償交渉に臨んだ。龍馬は海援隊士に、花街で「沈められたる償い金を首でとるのがよござんしょ」(『瓊浦日抄』)などといった都都逸《どどいつ》を歌わせ、紀州藩の横暴を世間に喧伝しながら、粛々と交渉を進めていった。

海援隊の主張は認められ、やがて八万三千五百二十六両の賠償金の支払いが決まった。納得のいかない決定に、紀州藩側は茂田を召還、経済に長けた藩の儒学者岩橋轍輔、藩校判事の三宅精一、御用部屋書記の山田伝左衛門ら、俊才を選抜したチームを編成し、海援隊側との再交渉に臨んだ。

再交渉は、土佐藩参政の後藤象二郎を中心に進められた。紀州藩士の三宅は長崎から各地に奔走した後、京都の後藤宅を訪れて、直接交渉に臨んだが、居留守を使われるなど、術策に長けた後藤に翻弄されている。

やがて十一月七日に、交渉は落着し、当初の決定額から一万三千両あまりを減額した七万両を紀州藩が支払うことで終結をみた。

その八日後、坂本龍馬は京都河原町の潜居で暗殺された。

海援隊士らはこの暗殺に、交渉で煮え湯を呑まされ続けた紀州藩が関与しているものと一方的に思い込んでいた。その結果、黒幕として名前が挙がったのが三浦休太郎だった。

三浦は伊予国西条藩士の庶子に生まれ、同藩士の三浦家の養子となる。江戸昌平黌に学び、西条藩の郡《こおり》奉行を務めた後、宗藩の紀州藩に招請され、同藩籍となった。

慶応三年には、紀州藩の周旋人として、京都で政局を俯観しながら、さまざまな勢力と接触していた。親藩である紀州の立場を踏まえ、佐幕論を信奉していたため「勤王攘夷を唱うる激徒社会にはいたく嫌悪せらるる」（『南紀徳川史』）人物だったという。

近藤勇と三浦との交流を伝える記録は確認できていないが、近藤が、御陵衛士を離れたあとの山口次郎の一時的な庇護を三浦に依頼していることから、二条城などでの政治折衝の場で、交友を深めていったものと思われる。

三浦休太郎が何者かに狙われているという情報は、ほどなく京都守護職に察知されたらしい。会津藩を通じ、新選組に警護の依頼が届けられた。

近藤勇はすぐに山口次郎の派遣を決めたのではないだろうか。まさに襲撃事件の起きるその日、新選組から三浦の宿舎である油小路花屋町の旅籠・天満屋へ、山口次郎ら新選組隊士たちが、護衛のために派遣されたのである。

天満屋にやってきたのは山口以下、大石鍬次郎、宮川信吉、中村小次郎、中条常八郎、梅戸勝之進、船津釜太郎の全七名である。おそらく帰隊後の再編成で、山口が小頭として率いることになった一小隊だったのだろう。

一行を迎えたのは、ちょうど京都に来ていた三宅精一だった。

三宅はいろは丸事件の賠償金再交渉活動で、後藤象二郎に直接談判を談じ込むなど、積極的な行動をとったことを海援隊側から警戒され、本人の知らないうちに、三浦休太郎とともに身に覚えのない龍馬暗殺への関与の嫌疑がかけられていた。

当時、三浦は不在だった。小者から通告を受けた三浦は、二時間後には天満屋に戻り、続いて関甚之助など、紀州藩関係者らもやってきた。

極寒の時節である。警護対象と山口ら新選組は、自然と酒宴になった。

天満屋は中二階を持つ三階構造で、宴は天井の低い中二階で開かれていたらしい。古写真に残される天満屋の建築をみると、中二階はその上の二階よりも、かなり広いスペースがある。

子母沢寛は『新選組遺聞』に、山口次郎が後年、会津出身の山川健次郎（東京帝国大学総長）に語ったとする話を紹介している。山川健次郎は、山口が終生敬愛した元会津藩家老山川浩の実弟である。のちに藤田五郎と名を改めた山口は、健次郎とも親しく交流している。

山川健次郎によると、山口は天満屋での酒宴でいささか酔いが回ったため、邪魔になった防御用の手甲を外そうとしたという。しかし、なかなか外れない。そのうちに敵が突入してきたため、この手甲が大いに役立ったという。

襲撃陣はすでに天満屋の外に集まっていた。諸書によって異同があるが、沢村惣之丞、陸奥宗光ら海援隊士、大江卓、岩村精一郎ら陸援隊士のほか、神戸の商人武中与一郎、さらに十津川郷士の中井庄五郎ら、二十名近い混成チームだった。

先述したが、中井庄五郎には、新選組との不思議な縁があった。

元治元年（一八六四）六月六日。池田屋事件があった翌朝、中井は三条通りで、池田屋から引き揚げる新選組を目撃し、その一人とにらみ合った。

また、慶応三年四月七日、四条大橋の上で新選組と見られる者たちと、抜刀して対峙もしている。

そして最終局面の天満屋には、斎藤一改め山口次郎と、彼が率いる屈強な新選組隊士たちがいた。

刺客たちは、天満屋の脇や近くの西本願寺へと連なる店の背後などに備えを置いてから、天満屋の玄関で名札を見せ、三浦や三宅との面会を求めた。階上に届けられた名札を三宅が見ていたとき、

「三浦か、三宅か」

と叫んで刺客が突入し、いきなり三宅の左頬から顎の部分を斬りつけた。この瞬間、山口次郎ら新選組隊士が反応し、狭い室内で乱闘が始まったのである。

永倉新八の『浪士文久報国記事』によれば緒戦の段階で、斎藤一（山口）はおそらく生涯最大の危機を迎えていたようだ。

戦闘中、背後から迫ってきた敵に、いきなり斬りつけられたのである。しかし、隊士の梅戸勝之進がこの男を羽交い締めにし、組頭の危機を間一髪で救った。梅戸はこのあと、別の男に斬られて重傷を負っている。

さらに三浦休太郎は、乱戦の中で右目の下から頬にかけて斬りつけられた。

何者かによって部屋の灯は消され、続いて新選組は、窓から下へと飛び降りていった。室内よりもはるかに勝手のきく油小路の路上で、さらなる戦闘が展開した。

この斬り込みに参加した武中与（與）一郎という人物がいた。神戸三宮で、御用茶師として茶舗の成尾屋を開いていた与一郎は、勝海舟の開いた神戸海軍塾に通う傍ら、坂本龍馬やその同志たちと懇意になり、彼らの設立した社中や海援隊に、さまざまな支援もした人物だった。

与一郎は、天満屋の戦闘で右手首を失うが、奇跡的に生き残り、その後、東京芝区に暮らした。明治三十七年（一九〇四）には、ジャーナリストの坂崎紫瀾（『汗血千里駒』著者）の取材を受け、龍馬と関わった過去のエピソードや、天満屋事件の体験談などを語っている。

武中によれば、三浦が怪しいという情報は陸奥宗光がもたらしたものだったという。三浦が新選組を扇動し、龍馬を暗殺させたに違いないと陸奥は信じ込み、情報収集のため、有本屋宗七なる人物を紀州に潜入させて、裏づけを取ったとのこと。

肝心の斬り込みについて、武中は坂崎紫瀾に、次のように語った。

　討入の夜は、私も二三度、その家（天満屋）の様子を窺うたが、通りかかりの饂飩《うどん》屋を呼び留め、荷ぐるみ二分で買ッて、自分で手拭を冠り、その饂飩の荷の間にかがみ、十分に様子を窺うたが、何でも新選組が数人寄って酒宴の最中である。それ遣《や》ッつけよと、その夜の十二時とおぼしき頃、十九人を二手に分ッて、討入の手筈を定めた。

それはおもに海援隊、陸援隊の同志で、今の高官の人や有名の人物も交じッて居た。

まず陸奥（宗光）さんが錦城戸《にしきど》広樹《ひろじゅ》と云う名刺を出し、案内を乞うと同時にドッと踏み込んだ。私はイキナリ鴨居を力まかせに突き上げ、障子をオッ倒し、その上から滅多切りに切りまくッた。たちまち燭台を踏み消して、敵味方の混戦となッた。

その時大和の剣客中井庄五郎が真っ先に働いたが、ついに倒れた。その上へ二三人落ち重なる拍子に、中井が息を吹き返し、ヤッと声かけて払ッた刀が、私の右の手首を切り落としたと思う。何でも敵に切られた（の）ではないのだ。

三浦も傷ついたけれども、暗中の事で討洩らした。それ引き揚げよと、私も外へ出たけれども、気が張ッて居るから何とも思わぬ。陸奥さんがお手柄じゃと云うて、褌で傷口を縛ッてくれた。

その引き取る途中で、一橋公の人数が、二条城から引き揚げるに、ピッタリ出逢うた。私はソレ遣れと野戦砲の隊中へ飛び込むと、パッと散って道を開いた。（中略）

なに、傷は翌月中にスッカリ癒えましたよ。その夜、左手に提げて来た刀は、鍔際二三寸から上は鋸のようです。いずれまた坂本さんの事は岡内（重俊）貴族議員のところに書類がありますから、取り寄せてお話することにいたしましょう。

と、その後討入の場で私に斬られた男に出逢い、互いにアノ時はコーであッたと話あッて愉快でしたが、新選組の方で死人はなかッたと云うことです。

（「龍馬遺聞　武中與一郎翁」）

この証言で初めて伝えられることも少なくない。斬り込み当事者による、貴重な記録である。新選組と微妙な因縁があった中井庄五郎は天満屋内で闘死した。斎藤一との関わりも示唆された十津川の活動家は、確かに斎藤一のいた戦場で仆れた。享年は二十一歳だった。

中井庄五郎が仆されたのは、室内が暗転した後だったらしい。さらに瀕死のまま無意識に振るった刀が、武中の右手首を落としたものとみられる。武中は、暗闇の同士討ちで負傷したのである。

また、武中は、天満屋からの逃走中、一橋家の一団と遭遇したと伝えている。

永倉新八から天満屋事件に就いて取材した高知の郷土史家の松村巌は、事件当日にこんなサイドストーリーがあったことを紹介している。

新撰組長近藤勇、（天満屋襲撃の）報を得て、長倉新八、原田左之助、島田魁、林信太郎、相馬主計、鈴木直人、古川小二郎、横倉甚之助（甚五郎）、田村大三郎、野村利三郎、松本喜三郎（喜次郎）、真田四目之進、三浦常三郎、蟻通勘吾の十四人を遣わして赴き援けしむ。紀藩もまた、変を聞きて、衆数十人をして急に赴かしむ。両者途にあい遭い、夜中天暗く、誤り認めて敵となしてあい闘う。故をもってその天満屋に至る頃は、土佐の衆は已《すで》に引き去れり。

（一九三九「坂本龍馬」『土佐史談』六十八号）

天満屋襲撃の報を受けて、近藤勇は永倉と原田に、それぞれの小隊を率いさせ応援に向かわせた。だが、彼らは途中で、紀州藩からの応援勢と衝突し、お互いに襲撃勢だと誤認して、斬り合い状態になったという。

不動堂村屯所から天満屋までは約一キロほどの近距離である。極めて強力なこの応援隊がもしも屯所から派遣されていたなら、即座に天満屋へたどり着いていたことだろう。紀州藩士たちと衝突して斬り合いになったとの話はいささか信じがたい。

永倉当人から聞き取った松村巌の記述は、応援隊の隊士名も克明に紹介されており、注目されるものである。おそらく天満屋の戦闘は、長い時間を要さずに終わり、永倉と原田の応援隊の到着は、刺客たちが撤収したあとだったのではないだろうか。

武中らが逃げる途中で遭遇したという一橋家とする一群の者たちは、刺客たちが応援の新選組を誤認したものではなかったようだ。

襲撃側の損害として、現在も各書に伝えられるのは、中井庄五郎の討死と、武中与一郎の重傷のみである。しかし、襲われた側の損害は少なくなかった。

標的だった三浦休太郎と三宅精一はそれぞれ顔面を負傷し、三浦の下僕で十五歳の谷口剛右衛門と、伊予国西条出身の佐波兼明が、いずれも一階で討たれた。刺客たちの突入時に殺されたようで、いずれも槍傷を負っていたという。

佐波兼明は、三浦休太郎と同郷で、早くから国事活動に参加していた。天満屋事件の三カ月前に脱藩し、京都で奔走中に事件に遭遇したのである（『近代日本の夜明け　伊予勤王史』秋山英一）。

新選組は宮川信吉が即死した。

宮川は近藤勇の父方の伯母の息子で、従兄弟にあたる。天然理心流を会得し、京都上洛前に佐藤彦五郎家の道場で稽古に励んでいたことが、彦五郎の日記に認められる。状況面では劣悪なこの夜の戦場で、確かな技量を活かせなかったのだろうか。

さらに船津釜太郎が重傷を負い、後日絶命した。死地を脱した山口次郎以下、五人はそれぞれ手傷を負っている。

三浦と三宅の護衛はひとまず果たしたものの、警護責任者だった山口にとって、敗戦にも等しい戦闘だった。


王政復古を目前にする時期に、市中で起こった乱闘事件に、京雀たちも騒然となった。天満屋事件についてはたくさんの風聞が伝わっているが、中でも注目される記録がある。

西本願寺前に住まい、御剃刀役と御能役として同寺に出勤していた猪上正貴が、同家の私記となる「家式録」として認めた中の一文である。ご子孫で詩人の猪上清子さんが、平成十四年（二〇〇二）に雑誌『新潮45』三月号に発表された。


慶応三年十二月七日、亥の刻、拙宅表通油小路七条上ル辺惨劇起きる。双方抜刀し半刻余接戦。一時遁去の浪士、拙宅へ救い求め、刀傷深く、急度手当施す。

近年幕府関東より浪士募りて、壬生駐屯所構え候が、この度西本願寺太鼓堂に本陣置き、このところ所構わず鉄砲放ち、特異な衣装にて昼夜混乱、近辺家々迷惑卒極候也。

仔細の事、当夜新撰組大石鍬次郎、斎藤一達等侍共、紀州藩三浦休太郎他を招き、近辺の天満屋旅館で酒宴（の）処、海援隊陸奥陽之助、筆頭十津川の俠客数人探り入り、天満屋へ斬込み、乱闘の果て深疵者多発、翌朝見れば油小路通り家々塀まで血痕流れ、あい果つ者屍骸累々として目も当てられぬ狂騒にて、この世の末路地獄絵の如くなり。

（「京都の町人が見た幕末維新」）

近隣の住人たちには地獄絵のような状況だったのだろう。「果つ者屍骸累々」というのはいささかオーバーにも感じられるが、襲撃側と見られる人物の負傷にも対応した猪上家は、大変な迷惑を被ったようだ。

西本願寺に日々通う同家では、新選組の姿も見慣れていたようだ。「特異な衣装にて昼夜混乱」という一文からは、隊服のだんだら羽織で闊歩する彼らへの拒否感すらも垣間見られる。

ただ、この『家式録』には、意外なことに斎藤一の名前が登場する。大石鍬次郎ともども、市井の人びとは彼らの名を知っており、天満屋で陸奥陽之助らと刃を交えていたことは、事件後に天満屋周辺で口の端に上っていたらしい。

新選組斎藤一の認知度を垣間見る、貴重な資料ともいえるだろう。

襲撃側の中には、維新政府に出仕し、栄達をした者もいる。武中与一郎の没年は未詳だが、明治三十九年四月十四日に従七位を授けられていることが、当時の官報に記載されている。

三浦休太郎は安と改名し、東京府知事や貴族員議員を歴任した。

のちに雑誌『武士時代』の取材を受けた三浦は、天満屋事件について次のように回想している。

　土佐人は五十人余も斬り込んで参りましたが、家の中は防ぎよい事もあるもので、私の方は十四五人でしたが、死にましたのは三人でした。土佐の方は（死傷者が）四五人もありました。全く多勢を頼みて却って怪我人が多かったのでしょう。

　維新後ある土佐人に逢いました時にこの話が出まして、彼の時には全く君が坂本（龍馬）を斬らせたと思って斬り込ませたが、助かってよかったと大笑いをした事がありました。

（一九〇二「武士談」）

時を経ての三宅の回想には、苦闘した山口次郎や、殉難した新選組隊士たちを慮る気配は微塵もない。

三宅精一は栄充《よしみつ》と名を改め、高知県の中村区裁判所判事（明治二十六年）などを歴任後、明治三十年四月より、困窮した紀州藩士を支援する徳義社の社長として尽力した。

平成十九年（二〇〇七）九月、現在まで数々のお世話になっている河出書房新社の西口徹さんを通じて、一通のファクスをいただいた。西口さんのご提案により、平成十六年に同社から出版させていただいた拙著『新選組と出会った人びと』を読まれた、埼玉県の三宅精二さんからのものだった。

三宅さんは天満屋事件で負傷した三宅精一の曽孫にあたられる方だった。

ご自宅には明治三十五年に描かれた三宅精一（栄充）の肖像画があり、左頬から顎の中心にかけて疵が描かれている、そしてこの疵は幕末時に、土佐藩の斬り込みに遭ってできたものという家伝があるとの情報をお知らせくださった。

その後、三宅さんと、長く書簡でのご交流を続けさせていただき、数々のご教示をたまわった。また、ご所蔵の三宅栄充の肖像画の写真もいただいた。天満屋での受傷が残された六十五歳の三宅の顔からは、確固たる信念で波瀾の生涯を疾駆した信念のようなものが鮮明に伝わってきた。

三宅さんの妹君は、栄充の息子で祖父にあたる修造から、曽祖父は剣客だったと聞いたという。もしも天満屋で、予期せぬ刺客の初太刀を顔面に受けていなければ、山口次郎とともに、激しい戦闘に繰り出していたかもしれない。

三宅精二さんはその後他界された。ご尊顔に拝し、直接お礼しお話を伺うことができなかったのは、今も痛恨の思いである。

後年、斎藤一はさらに藤田五郎と名を変え、東京高等師範学校で、庶務や警備担当を務めていた。この学校に三宅米吉という当時一流の歴史学者が教鞭をとっている。三宅は斎藤の退職後、同校学長となった。

米吉は、三宅精一の嫡子だった。

藤田と三宅は互いにそれぞれの過去や親族のことを知っていただろうか。

幕末の京都で死線を越えた男が、ともにその死線を越えた父親を持つ学者に、無言のうちに黙礼をしたことだけはあったろう。

鳥羽伏見戦争

土方歳三、山口次郎大いに奮勇、薩藩…ここに討たる――

慶応三年（一八六七）十二月八日の王政復古の発令後、将軍徳川慶喜は大坂城へ移った。あわせて、多くの幕府勢も京都を離れた。

新選組もいったんは下坂したが、十六日に、さらに伏見へと移動した。

この年六月、伏見奉行の林忠交《ただたか》が死去したあと、奉行所は京都町奉行下に置かれていたが、十一月に閉鎖されていた。主のいない建物は、京都を注視する旧幕府軍にとって、絶好の拠点となったのである。新選組と前後して、会津藩をはじめ、友軍の諸兵もぞくぞくと伏見奉行所へ入った。

新選組は意気軒昂だったが、十八日、想像すらできなかった事件が起きる。二条城での討議に出向いた近藤勇が、伏見への帰途、丹波街道上で、旧御陵衛士らに狙撃されたのである。

御陵衛士の阿部信次郎は、史談会で、

私と富山弥兵衛と両人で、そこに空き家があったからそれへ入って、狙おうという所へ、富山が「来た来た」という間に一発撃って仕舞った。その鉄砲が近藤の肩と胸の間に当たりました。それ故、急所を外れたため、(近藤は)助かりました。
(一九〇〇『史談会速記録』第九十輯)

と語っている。待ち受けた旧衛士は五六名だった。彼らは近藤を狙撃後、抜刀して従者らに襲いかかった。

十二月十八日(中略)
一、今夕七字頃、京街道墨染手前、丹波橋辺にて、兵士両三人を列《つら》ねたる騎士へ、浪士ども発砲二発、家来一人、小者一人即死。騎士はあっと呼ばり、鞍の前輪へ打伏し、逸足にて役屋敷まで駈け込みしよし。
(『戊辰役実録』)

こちらは現場での目撃者からの聴取に基づく、薩摩藩に属する都城兵、財部《たからべ》雄右衛門の日記の記述である。

近藤は、強靭な精神力で伏見奉行所まで戻ったが、右肩を打ち抜かれる重傷を負っていた。

「永倉新八」には「隊長を襲うた曲者ありと聞いて、隊士は追取刀《おっとりがたな》で馳せ向かった」とある。当日、在陣していたなら山口次郎も飛び出していっただろう。

結局、刺客は全員逃走したが、彼らが何者だったのか、当時の新選組は把握できていただろうか。また、二カ月前まで刺客らと起居していた山口次郎は、実行犯の正体を知ったとき、新選組の誰よりも衝撃と憤怒を感じていたことだろう。

近藤は肺結核が重篤化した沖田総司とともに、療養のために大坂城に移送され、以後、新選組は副長の土方歳三が指揮を執ることになった。

土方は「月」と「星」という、センスの良い合言葉を策定するなど、防備にも余念はなかった。一部の隊士を伏見薩摩藩邸に間者として派遣し、密かに動向も探っている。

その頃江戸では、不逞浪士らによる市中の商家への破壊工作が頻出していた。当時薩摩藩は、こうした者たちを藩邸内に留め、騒擾活動を主導していたのである。もとよりこれは幕府に対する挑発行動でもあった。

その思惑通りに、江戸の治安維持を担う庄内藩と、その指揮下にある新徴組らは、十二月二十五日に三田の薩摩藩邸を襲撃し、多数を捕殺した。

藩邸襲撃の報は慶応三年のうちに大坂に達した。王政復古以降、消沈していた大坂城の旧幕府勢は沸騰した。

薩摩の挑発は、願ってもない形で結実したのである。慶応四年一月二日より、旧幕府軍は薩摩軍の不逞行動を朝廷に上申する「討薩表」を持ち、大坂から京都を目指して進み始めた。

翌三日、旧幕府軍の進行は、鳥羽街道の小枝橋前で、新政府軍に阻止される。

にらみ合いの末、新政府軍は突如、砲撃を開始した。砲音は三キロほど離れた伏見にも響き渡り、たちまち戦端が開かれた。

伏見奉行所は低地にあったので、高台にある目前の御香宮の一帯に布陣していた新政府軍からは、恰好の砲撃目標となった。新選組は奉行所の裏門を持ち場としたが、隊を指揮する土方歳三は白兵戦を指示し、一同は伏見の町へ出撃していった。

目撃者によると、

徳川の新選組、会（津）兵ら、にわかに奉行屋敷の柵門を押し開き、鉄砲、槍、刀を押し並べ、三町ばかりが程、ヒシヒシと繰り出し……

（『明治元年戊辰正月京師討幕戦闘略記』）

とある。新選組隊士たちは、注意を払って出撃したようだ。

戦場に立った山口次郎は、果敢に新政府軍に立ち向かった。

明治七年（一八七四）に、新選組を知る西本願寺の寺侍の西村兼文が、文久年間から明治初年までの歴史を綴った著書『文明史略』を出版している、この中に彼が伝聞した山口の活躍が、次のように紹介されている。

奉行邸攻撃、勝敗を分かたず。近藤勇は先の銃瘡を傷み、松原に退き、土方歳三、山口次郎大いに奮勇、薩藩伊集院正雄、八田知義、山田有義以下、ここに討たる。中村半次郎、有馬藤太、ますます衆を激してここに迫る。

長藩進んで邸前に至る。小川師久先登、ついに一方を破り、火を放つ。土方防戦、死力を尽くし、隊士これに死する多し。

新選組を指揮していた土方歳三ともども、特記されたかのように名前を紹介された山口の奮闘は顕著だったようだ。緒戦の伏見町内での山口次郎の獅子奮迅の活躍はどうやら喧伝もされていたらしい。西村が名前を示した新政府軍の三名を山口や土方が斬ったとする確証はない。だが、有名無名を含めた何人かが、戦場で山口に斬られたことは間違いないだろう。

中島登が『戦友姿絵』に活写した山口のイラストは、彼がこの日見た、激闘の姿を描いたものだったのかもしれない。時に仆した兵士の首級を左手に持ち、鬼神のように愛刀関孫六を右手に掲げた一瞬の威容を。

新選組は、この戦いで何人かの戦死者を出した。混乱の中で戦場を離れ、民家に救けを求めた隊士もいる。

> 交戦中、一傷士あり。門を敲く事数次。予、隙によりて窺う。彼の士いわく、新撰組の者なり。一杯の水を乞うと。予、惻然た（る）ものあるも、危険を慮りてついに答えず。（「洛南戦塵余録」）

伏見在住の某が、一月三日の日記に綴った一文である。結局求めた水は与えられなかったが、この隊士は生還できたのだろうか。

この日の戦闘で、伏見奉行所は焼失したが、伏見薩摩藩邸も会津軍の砲撃により炎上した。拠点を失った新選組や旧幕府軍は、その後、譜代の淀藩を頼る。

しかし、四日に戦場に錦旗が揚がった。岩倉具視や大久保利通らの思惑で、かねて用意されていた無敵の秘物によって、戦況は一変する。

たちまち淀は旧幕府軍の入城を拒否した。

新選組は会津藩と提携し、伏見から淀にいたる千両松一帯で、南進する新政府軍を五日に迎え撃った。

新選組は白兵戦を選んだ。横大路沼と宇治川とにはさまれた一本道を進撃する新政府軍を、主に堤下や松の木に隠れて攻撃したのである。長州軍の林友幸の回想がある。

（千両松は）淀の上で、淀川の土手にある。あそこは沼と川との間に一本の道があって、どっちへ往こうと言うても往かれぬところだ。あすこではなかなか能く働いた。半死半生の奴がウンウンやって居る。死骸を踏み越えて往くと言うようなことで、まだ呼吸《いき》のある奴（に）は、少し耐忍して居れと言うて進んだが、戻りには皆死んで居った。

（『維新戦役実歴談』）

そんな悪条件の中で、新選組は猛攻を展開した。だが修羅場のような千両松の戦場で、井上源三郎はじめ、多くの隊士が散った。山崎烝も、致死にいたる深手を負った。

副長助勤として、山口次郎とともに組下の隊士を率いた新選組の幹部が、この日、二人も失われたのである。

千両松での山口の闘いの様子は伝わっていないが、三日同様、激しく刃を振るっただろう。

その後、新選組はさらに南下し、橋本に布陣した。土方歳三の率いる本隊は宿場の入口の守備を固め、山口次郎は永倉新八とともに別動隊を率いて、宿場背後の八幡山の中腹に布陣した。

戦闘は六日の早朝より始まったが、やがて対岸の山崎関門を守備していた譜代の津藩兵が、いきなり旧幕府軍を攻撃した。新政府軍に加担した上での行動だった。

前掲の長州藩の林友幸の回想には、次のようにある。

あなた方は御譜代だから、幕兵に向かって攻撃は難しかろう。ただ今お引き取りなさるかどうかと言うたところが、譜代でございましても官軍に敵することは出来ませぬ、大義親を滅ずると言うことがありますから、これより幕兵を討ちますと言う。しからば、その証拠の見届けをしようということになって、ドンドン幕兵を撃ち出した。それで藤堂（津藩）は、官軍と言う証跡が挙がった訳だ。

ここに旧幕府軍は総崩れとなった。

新選組も、戦場からの撤退を余儀なくされた。

永倉新八の回想『浪士文久報国記事』によれば、山口と永倉は撤退中、新政府軍に前後を囲まれたが、一方を斬り破り、脱出したという。また、「永倉新八」は次のように伝えている。

八幡山の中腹に拠った永倉新八は、前後の連絡を絶たれて状勢更に判明《わか》らない。橋本宿敵手に墜つと聞いて山を降《くだ》り、且つ戦い、且つ走って大阪へ入った。この時の永倉の働きは古名将の退口《のきぐち》にも恥じぬと賞賛《ほめばや》されたのである。

永倉は自賛するが、ともに隊士を指揮して生還した山口も、撤退時の果敢な行動を賞賛されたに違いない。

ただ、この撤退戦は、かなりの困難も伴ったようだ。後述するが、この闘いで山口は負傷している。

新選組は、三々五々、大坂城へ向かった。

この日の夜、大坂城にいた将軍徳川慶喜は、京都守護職の松平容保、所司代の松平定敬《さだあき》らを伴い、まだ戦争の帰趨を見ぬうちに城を離れ、旧幕府艦開陽丸で、慌ただしく海路江戸に向かった。戦場に立った錦旗への脅威が、将軍をこの行動に走らせたとされる。

ちなみにこの時慶喜に同行した松平容保は、終生、この時のことを忘れなかった。のちに駐英、駐米公使などを歴任した四男の恒雄に、容保は晩年、語っていたという。

戊辰当時の苦衷については、父（容保）は全然語らなかったが、ただ一つ話してくれたことは、鳥羽伏見の戦いの後、慶喜公が急遽、海路江戸に引き揚げることとなり、父にも至急、公の乗っておられた船に乗船するようにとの命令が下された。

父は早速近侍の者数名を率いて、夜分小船に乗って本船に向かったが、よほど出帆間近に馳せつけたものとみえて、本船から縄梯子を下ろして乗船することとなった。

今日の我々のように器械体操で身体の訓練されている者ならば平気であるが、父は一向そういう風に身体を使った経験がなかったから、その縄梯子を暗夜にどうして登ったらよいか、実に困惑したらしい。その時の恐ろしさを時々笑いながら話しておった。

（「わが人となりし家庭・少年時代の鍛練」）

幾星霜を経た旧会津藩主には、激動の慶応四年の記憶の中で、唯一、この時のことだけが「笑いながら」話せる体験として、脳裏に刻印されていたようだ。

しかし、旧幕府軍にとっては、将軍の無断退城は想像もできない展開だった。新選組にとって最高指揮官の松平容保も、一時的とはいえ、目指した大坂から、去っていったのである。

山口次郎は永倉新八と、三々五々大坂城に到着する。「永倉新八」によれば、その時先着した土方以下の隊士たちは、城門に大砲を据え、迎撃戦の準備をしている最中だったという。重傷の近藤は土方に支えられながら、幕閣らに徹底抗戦を嘆願したが、認められることはなかった。

満身創痍の新選組は、二隻の幕府艦に分乗し、大坂を出立、それぞれ十二日と十四日に江戸へ戻った。

ほとんどの隊士は品川宿の建場茶屋、釜屋で休息をとったが、近藤勇と沖田総司のほか、四名の隊士には、十八日より入院措置がとられた。翌十九日に、山口次郎にも同じく入院措置がとられている。

新撰組　山口次郎

右の者、一昨十九日医学所へ罷り越し候間、疵所それぞれ療養を差し加え申し候。これにより、この段申し上げ候。以上

正月

松本良順（以下略）

（『医学館文書』）

この措置は、一月六日の八幡山での戦闘で受けた負傷によるものとみられる。「疵所それぞれ」とあることから、彼の負傷部位も一カ所にとどまらなかったようだ。

前将軍家茂の主治医でもあった松本良順は、西本願寺屯所を訪れ、隊士たちの健康指導を行なうなど、新選組には格別の支援を行なった人物である。近藤や山口ら新選組隊士の入院について、後年松本は次のように語っている。

洋漢両医学所の教授を休止し、これを負傷兵士の救護所とすべし。（中略）西洋医学所に入れる者は伝習士卒三十名のみ。（中略）新選隊の患者二十余名はこれを漢医学所（原註・医学館）に入れたり。然るにその治療を司る者なきをもって、西洋医学所仮病院の分院となせり。（『噬臍録《ぜいせい》』）

負傷した新選組への対応は、他の友軍負傷兵とはいささかの差別化がなされていたようだった。しかし、京都以来、彼らと知遇のある松本良順によって、山口はじめ入院した隊士たちには、手厚い治療が施されたことだろう。

山口の疵も早々に癒えたと思われる。

おそらく彼は、元飯田町界隈にあったとみられる実家を訪ね、親族と束の間の再会を果たしたことだろう。

旧幕府軍にとって、事実上の敗戦でもあった鳥羽伏見戦争を経て、再び江戸に生還した新選組副長助勤の姿に、家族たちはどれほど安堵しただろうか。

VI　転戦の果てに

甲陽鎮撫隊

甲州鎮撫方御委任大久保剛、副長内藤隼人並びに鎮撫隊全て、上下百二十人ほど、明朔日明ケ六つ時江戸出立――

慶応四年（一八六八）二月晦日、新選組は甲陽鎮撫隊を名乗り、甲府を目指して江戸を出立した。三月十五日に予定されていた江戸総攻撃に向けて、新政府軍は諸方から進行を開始しようとしていた。鎮撫隊が進む甲州街道は、諏訪方面から東進する新政府東山道軍の進路に当たっている。

永倉新八が後年認めた隊士名簿「同志連名記」によれば、「東京へ引き揚げたる人員」は、総数四十四名となっている。戦死者や脱走者も続出し、威容を誇った新選組は、芹沢鴨粛清当時の規模に回帰した。副長助勤も、山口次郎のほか、沖田総司、永倉新八、原田左之助、尾形俊太郎のあわせて五名となっていた。

「永倉新八」によれば、甲陽鎮撫隊は新政府軍に先がけ、旧幕府の所轄する甲府城に入り、ここに徳川慶喜を迎える計画を立てていたという。

しかし、旧幕府側には、迫り来る江戸総攻撃を回避するため、不穏な者たちを江戸から遠ざけるのが急務の策だった。

当時、陸軍総裁として事に対処していた勝海舟は新選組とは旧知の人物だった。元治元年（一八六四）秋、京都で暗殺された佐久間象山の子で、勝にとっては甥に当たる三浦啓之助が、父の仇討ちのため、客員として新選組に入隊したことがあった。この時から勝は、近藤勇や土方歳三と、縁故を結んでいたのである。

そんな勝が、鎮撫隊計画の一端を担っていたと永倉新八は伝えている。鎮撫隊には「軍用金五千両、大砲二門、小銃五百挺」が与えられたものの、勝の意思は鎮撫とは異なるものだった。


軍事総裁勝海舟が、容易《たやす》く勇の願意を容れたのは、この爆裂弾のような危険人物を（江戸の保全のため）慶喜公に近づけまい所存からである。（「永倉新八」）


甲陽鎮撫隊は、丸の内に新たに用意されていた屯所を二月晦日に出立した。この日は一同、内藤新宿で鋭気を養った後、翌三月朔日から本格的な行軍を開始する。

『浪士文久報国記事』は、

この時新選組改め慎撫隊長近藤勇改め大久保剛、副長土方歳三改め内藤隼人、副長助勤永倉新八、原田左之助、斎藤一……


と、山口次郎（斎藤一）を交えた、その隊勢を伝えている。

ちなみに沖田総司は行程途中の日野宿の佐藤彦五郎家まで進軍に参加したが、持病の肺結核を慮《おもんぱか》られ、同所で鎮撫隊と離れたと伝わっている。

新選組屈指の剣技を持つ一番隊組頭には、もはや戦力としての存在ではなくなっていた。

この出撃にあわせるかのように、近藤勇は大久保剛、土方歳三は内藤隼人と改名した。

特にその姓についていては「徳川慶喜の墨付き」によるもので、西村兼文によると、「家康における大久保、内藤の働きの例に擬したもの」だったと伝わる（『土佐史談』六十九号）。

一行の進路となる甲州街道には、近藤の郷里である現調布市や、土方の生地の現日野市がある。

結果的に甲陽鎮撫隊が到着する前に新政府軍は甲府に入り、やがて勝沼で予期せぬ戦争が勃発するのだが、古くから、進軍の途中で、郷里の大歓迎を受け、結局鎮撫隊は甲府入りが遅れたとの見解が、多くの書物に記されている。だが、平成二十二年（二〇一〇）に、大変貴重な史料が公開された。

甲州街道進行時に必要な人馬などの用意を先の宿場へ通達する「先触」文書の中に、甲陽鎮撫隊に関連するものが多数、残されていたのである。

この中に、土方歳三の小姓格だった隊士の市村鉄之助と見られる人物が、二月晦日に提出した文書が残されていた。文書は百名の人足と駕籠の用意を依頼した上で、

（前略）甲州鎮撫方御委任大久保剛、副長内藤隼人並びに鎮撫隊すべて、上下百二十人ほど、明朔日明ケ六つ時江戸出立、その筋あい越され候間、その意を得て、書面の人足差し出し御定め（の）賃銭これを請取り、荷物滞り無く継ぎ立て申さるべく候。（中略）

二月晦日

大久保剛内　市村鉄太郎

朔日　新宿休　府中泊

二日　八王子休　与瀬泊
三日　上野原休　さる（猿橋）泊
四日　花咲休　駒飼泊
五日　駒飼休　勝沼泊
六日　石和　甲府
右の通りこれあり候。乗馬四疋罷り越し候間、その段用意いたさるべく候。以上
（『慶応四年御先触控にみる甲州道中の明治維新』）

と、宿場名と期日を明示した甲陽鎮撫隊の進軍予定が示されている。

驚くことに鎮撫隊はその後実際にこの予定通りの進軍を行なった。一行は道中、日程を踏み外さずに、予定表と寸分違わぬ行軍を行なっていたのだった。

初日には、新宿からは距離的に短い府中に宿泊したが、これも当初の予定によるもので、土方の義兄の佐藤彦五郎らと面談し、「人数不足に付き、日野宿の（天然理心流）門人の内三十人ほど、甲府まで差し送りくれ候様《よう》」（『佐藤彦五郎日記』）と依頼するのが目的だった。

一行は二日の午前中に日野の佐藤家に立ち寄り、彦五郎はじめ、ここから二十五名の縁故者たちが鎮撫隊に加わった。

甲陽鎮撫隊は、順調に予定通りの行軍を続けていったが、新政府軍の進行が早すぎたのである。三月四日に鎮撫隊は、昼食休憩地の花咲で、新政府軍の甲府接近を伝えられている（『佐藤彦五郎日記』）。新政府軍はこの日、ぞくぞくと甲府に入っていった。

五日、宿泊地の駒飼を発った鎮撫隊は、甲府西方の柏尾に布陣した。柏尾は当初の宿泊予定地だっ

た勝沼の東端に位置する。

永倉新八の『浪士文久報国記事』によれば、鎮撫隊は四日のうちに、宿泊地の猿橋で、兵力の一端にするため、近隣の猟師たちを招集したらしい。だが五日になって彼らは、援兵が来なければ出戦しないと態度を硬化させたという。山口次郎もこの招集に関与していたようで、永倉や原田左之助とともに、猟師らと面談し、近藤や土方にその旨を報じたと記録されている。

近藤は猟師らに、会津勢が援軍として来るという虚言を語り、一同の不満は収まったという。

その近藤は、五日、新政府軍への敵意がないことを示す書状を甲府に送った。鎮撫隊は防御のための関門を勝沼に設置、土方歳三は援兵を要請するために、甲州街道を慌ただしく江戸へ戻っていった。しかし、近藤の書状は新政府軍に疑義を持たれ、関門の設置も挑発行為と目された。

六日、甲府の新政府軍は進攻を開始する。本街道を進む中心部隊と、別ルートで進軍する二分隊により三方から攻撃に入った。

新選組は、特に要衝となる観音坂に大砲二門を置いて迎撃体制を取り、原田が隊士を率いてここを守備した。山口次郎は隊士たちと坂の周辺にある間道口で守備を担った。

土方歳三を欠いた戦闘は二時間あまりで終わり、鎮撫隊の一方的な敗北となった。

大部分が新規の傭兵である鎮撫隊は、大砲攻撃に難があった。不運なことに、戦闘中に風向きが変わり、鎮撫隊の守備位置を夥《おびただ》しい砲煙が直撃するというアクシデントも重なった。

『浪士文久報国記事』によれば、離脱を翻意していた猟師たちも、いっこうに援軍がやってこないことに失望し、永倉や原田、山口に不満を伝えて去ってしまったという。

山口次郎にとっても、不満が残る束の間の戦争となった。

鎮撫隊はばらばらになり、江戸方面に敗走していった。

勝沼一帯で戦闘が起こったのを知った勝海舟は、当時駿府にいた西郷隆盛と接触させるために派遣していた幕臣の山岡鉄舟に、急いで書状を認めた。戦争は暴発によるもので、今後、こうした事態は絶対に阻止すると書いて、言外に西郷へ伝えたのである。

甲陽鎮撫隊が巻き起こした予期せぬ事態に、陸軍総裁は動揺していた。

ようやく帰着した江戸で、永倉と原田は近藤勇に再会した。

面談に先がけて永倉は、すでに江戸に帰着していた隊士たちと談じ合ったという。一同は、今後は会津に身を投じると答えたため、永倉は語った。

それでは吾等と同じ目的で御座れば、ここで更に新勢力を組織し、近藤、土方の両人をも説き入れて会津に赴き、最後の奮闘をいたそうでは御座らぬか。（「永倉新八」）

永倉の言葉に同志たちは賛同した。

さらに「速やかに近藤勇が会津表へ下ると申せば同志いたす。さもなくば同志いたさず」（『浪士文久報国記事』）と決議した上で、交渉を一任された永倉は、和泉橋の医学所にいたという近藤を訪ねた。

この時永倉は「三艘の舟」で近藤のもとに向かったとする。永倉は伝えていないが、新選組の大きな局面に際して、数少ない副長助勤の山口も、同道したとみるべきだろう。

永倉はさっそく近藤に、総員が賛同した決定事項を伝えた。だが、近藤は怒色を見せながら、とんでもない言葉を発したという。

左様な私の決議に加盟はいたさぬ。拙者の家臣となって働くというならば同意もいたそう。

（「永倉新八」）

遠く文久三年（一八六三）四月十七日に、会津本陣での御前稽古後に見せた振舞いや、翌元治元年秋に、山口や永倉が会津藩へ建白を提出してまで改善を求めた専断姿勢など、温厚な近藤が、時として見せた忘我慢心の言動が、よりによって最悪な局面で、突然沸騰したのである。勝沼戦争でのあっけない敗戦が、近藤の忘我の要因だったのだろう。

新選組には上下関係こそあれ、幕府奉持のもと、将軍の臣である同志の集合体というのが、永倉新八の見解だった。めいめいは決して局長の個人的な家臣などではない。

明らかな差別発言を吐き、同志たちの決議を踏みにじった近藤の姿勢に、永倉はキレたのである。

二君に仕えざるが武士の本懐で御座る。これまで同盟こそすれ、未だ足下の臣《けらい》には成り申さぬ。

（「永倉新八」）

憤怒の永倉が、最後に近藤に放った言葉だった。彼は原田左之助や、数名の同志とともにこの瞬間、新選組と決別した。のちに永倉は新隊の靖共隊を組織し、旧幕府軍の一員として戦場に立った。

トップの近藤勇と、試衛場以来の二人の新選組設立者との訣別は、新選組にとって、事実上の瓦解ともいえる出来事だった。

改めて、この訣別の場に山口次郎が立合っていたかはわかっていない。だが彼は、盟友の永倉らとの同道を選択しなかった。

新選組に留まり、同志たちと定めた会津を目指すのである。

会津戦争

ひとたび会津に来たりたれば、今落城せんとするを見て、志を捨て去るは誠義にあらず――

永倉新八と原田左之助の脱盟により、結党以来の副長助勤として新選組にただ一人残った山口次郎は、組織の中で、近藤勇と土方歳三に継ぐ存在となった。

永倉新八は『浪士文久報国記事』の中で、「斎藤一は手負い、病人の世話いたし、会津表へ参る」と記述する。長寿を保った元隊士の池田七三郎こと稗田利八が、ある回想を残している。彼は勝沼戦争で顔面に負傷を受けていたが、のちに自分を含めた隊士たちの消息について、

「病人は一足先に会津へ入って手当を受けて待っていよ」といって病人ばかり七八人に達者な者も加わって二十幾人先発しました。（『新選組聞書』）

と、子母沢寛に語っている。山口次郎はこの一行を率いて会津方面に先行したようだ。永倉らが去った後、山口は総員が決議していた会津を目指したのである。

永倉と決裂した近藤勇は土方歳三とともに、ひとまず江戸に残留した。一行は三月十四日から、現在の足立区綾瀬にあった五兵衛新田の名主見習の金子健十郎宅を本陣に、周辺の民家などに滞留を開始した。移転の背後には、松本良順の配慮があったとも伝えられる。

新選組はこの地で広く募兵を行ない、勢力を拡張させていく。

慶応四年（一八六八）当時二十三歳だった金子すぎの回想が、伝聞形式で伝えられている。すぎは綾瀬村に生まれ、のちに金子家に嫁いだ女性である。

すぎの家には、五人の新選組隊士が宿泊していたという。

表座敷の六畳へ二人、裏の八畳に三人。表の二人は揃いも揃って親しみ難い相貌の連中だったので、何となく敬遠していたが、裏の三人組の給仕はお婆さん（すぎ）が受け持っていたので、四五日するうちには、すっかり名前を覚えて了った。

「始めの中は、ただ怖いの一点張りでな。お膳の上げ下ろしにも膝がガクガク慄えていた程だったが、終いにはすっかり慣れて了ったよ」とお婆さんは言う、

身の丈五尺六寸もあろうかと思われる大男で、その上虎髯を頰から顎へかけて一面に茫々と生やしている、如何にも強そうな、その癖、どこからあんな可愛い声が出るのかと思われる程の美声家で、しかも好人物らしい山口という三十五六の侍。

（一九三四「綾瀬村の近藤勇」）

本陣となった金子家の史料に、五兵衛新田に滞留した過半の新選組隊士について、彼らの姓のみを筆記した記録がある。大石様（大石鍬次郎）、安富（安富才助）、横倉（横倉甚五郎）などの記述の中に、山口次郎の姓名は確認されない。

彼は、隊士たちが五兵衛新田に到着し始めた三月十四日までに、負傷隊士らと江戸を離れ、会津へ向かったものとみられる。残念ながら金子すぎが「山口」とした、ひどく個性のある新選組隊士は、名前ともども、まったくの別人だったようだ。

五兵衛新田の新選組は二百名以上に拡張した。やがて隊勢を組み、四月朔日に流山へと進軍を開始

した。近藤は、勝沼戦後、大久保大和を名乗っている。

広大な敷地もあり、水流の便も整った流山は、移動にも、調練の場としても適していた。新政府軍には、かねてから当地に、旧幕府の脱走兵らが集結するための目的地としているとの風聞も伝えられていた。

到着翌日の三日、突如、新政府軍が流山を包囲した。抗うことなく、近藤勇は投降する。近藤の身柄は板橋宿の本陣にしつらえられた東山道軍総督府に護送された。

土方歳三は速攻で江戸へ潜入し、勝海舟に近藤の身柄解放を嘆願した。勝は軍事掛付の松波権之丞を呼び寄せ、前月に勝が松波に送った、脱走兵の鎮撫を命じる書状を土方に托させた。この直筆書状を使い、あくまで自身は鎮撫隊の大久保大和であるとして、身の証を立てるように図ったのである。

土方はその代償として勝から、四月十一日に決定していた江戸城の開城にあわせ、強硬派の旧幕府勢を江戸から退出させるための尽力を要請された。やがて土方は、歩兵奉行だった大鳥圭介をリーダーとした旧幕府脱走軍に身を投じ、一同とともに北への進軍を開始していく。

土方が整えた勝の書状が届けられる以前に、近藤は、新政府軍に本人であると看破されていた。その結果、近藤は四月二十五日、板橋宿の馬捨場で公開処刑される。総員が目指すはずだった会津へは向かうことなく、新選組局長は三十五歳で刑場に散った。

会津に入った山口次郎のもとには、近藤の投降後、流山から離れた隊士たちも次第に合流した。

会津で作られた二種類の新選組総員名簿が残されている。隊士の中島登が認めた閏四月付のものと、同年六月朔日に新選組が陣を敷いていた猪苗代湖南方の三代《みよ》で作られた名簿である。いずれの名簿にも山口次郎は「隊長役」として先頭に記載される。

かつての京都新選組四番隊組頭は、組織の筆頭に立った。

ちなみに旧幕府脱走軍に加わっていた土方歳三は、四月二十三日の宇都宮城下の戦争で足指に重傷を負い、月末に会津若松へ護送されていた。

江戸脱走以後、土方の存在は旧幕府軍という大勢の中で括られるようになり、新選組とは隔たったものになっていく。

閏四月五日、山口の率いる新選組に、白河方面への出陣が命じられた。その後、白河周辺では数次にわたって激戦が展開し、新選組からも菊池央や、京都以来の伊東鉄五郎ら複数の死者があった。

新政府軍も多くの損害を被っている。

白河戦争に参加した館林藩の藤野近昌はこんな情景を綴っている。

白河に仮設せられありし各藩の病院に、初夏以来収容せられて、治療中傷者の内、遂にその効なく無限の怨みを呑んで、鬼籍に上る者その数少なりとせず。故に何藩、某、戦死と大書せる銘旗を建て、しきびまたは花束に飾られたる葬式は、日として白河市内を往来せざるなきは実に痛むべき恨事の極みぞ。

その葬式の往来毎に、各藩の将士らは、両側の宿営に在って、これを望見し、且つ目送して、竊《ひそ》かに明日の自己を連想し、忽ち憂霧胸を鎖《とざ》し、愁雲心を蔽《おお》うと同時に、亡き戦友の霊柩に対するの情、一層切なるものあり。

（『館林一番隊戦記』）

戊辰の戦場で戦った人物による肉声の記録である。述べられる葬送の模様も生々しい。

敵味方を問わず、友軍死者への思いは不変だった。山口次郎もまた、日々、こうした感慨を持ち、戦場に立ったのだろう。

五月十七日、原田左之助が戦死した。永倉新八と新選組を離れた原田は、その後永倉とも訣別して彰義隊に加わり、上野戦争に参加、重傷を負って没した。

五月晦日には、江戸で沖田総司が病没した。戦場の山口に、親しかった彼らの訃報は届いただろうか。

六月三日、戦場を離れて、猪苗代湖南方の三代に滞陣していた新選組は、本陣のある西方の福良《ふくら》で、会津藩主の松平喜徳《のぶのり》の拝謁を受けた。松平容保は二月に致仕し、養子の喜徳が後継藩主となっていた。拝謁は、代表として山口次郎と、副長を担っていた安富才助らが受けている。

安富はかつての斎藤の四番隊組頭当時、組下に置かれた隊士で、後に伍長も勤めた。安富にとっても深い感慨があったことだろう。

負傷療養を続けていた土方歳三は、七月になって山口らの前に現れる。新選組を含めた旧幕府軍の出戦時には、全軍の総督を担うなど、すでに土方の存在は、新選組とは大きく隔たっていた。

山口次郎の指揮する新選組は、時に土方歳三の全軍指揮下のもと、湖南を起点に、数々の戦闘に加わった。

七月二十九日、隣藩の二本松城が新政府軍に落ちた。会津城下への進攻を防御すべく、ほどなくして、湖南地域に布陣していた新選組には、湖北の猪苗代への出動命令が出される。

八月十九日、山口以下の新選組は同地に入った。その日のうちに、新選組には、会津への進入路となる母成峠《ぼなり》への出動命令が下った。

桑名藩士の谷口四郎兵衛は、この日、山口次郎が、陣を訪れた大鳥圭介や友軍の藩士らと話し合ったと、日記に綴っている。そこで山口は、母成峠の戦闘後、新選組が仙台へ向かうとの旨で合意したと述べている（『谷口四郎兵衛日記』）。

しかし、山口の心情には確固として会津があった。

二十日、新選組は母成峠に入った。土方はこの布陣には加わらず、湖南地域で経緯を窺ったのち、猪苗代城に入っている。

山口の率いる隊士たちは、峠から離れた渓谷地の勝岩に布陣した。会津藩はじめ唐津藩などの友軍とともに待機する中、二十一日の朝、新政府軍が猛攻を開始してきた。

『谷口四郎兵衛日記』によれば、戦いの最中、戦場で負傷し、死をも覚悟した友軍兵士の逃走を山口が援護したという。

　雉子小屋に死なんとするを、山口次郎来の後に残り、中島登持ちたる七発、山口持発する中、大島走ると云う。

山口は中島登の所持する七連発銃を撃ち、友軍兵士の難を救ったという。根幹とする撃剣ではなく、銃を駆使して戦う新選組隊長として、山口次郎は戦場にいた。

だが、戦況は旧幕府軍が新政府軍に圧倒されていた。新選組はこの戦いで六名の隊士が戦死、残った隊士たちは、戦場に散乱する形となる。

山口は山中に入り込み、単独で逃走をはかった。

その途中で彼は、複数の二本松兵と遭遇する。山口は彼らと会津城下へ向かうことを決意した。途中、新政府軍の銃撃を受けながら、山や渓谷に囲まれた難所を進んだ山口は、山中で三名の会津兵と出会った。彼らの援護を受け、山口次郎たちは二十一日の内に、辛くも猪苗代城に入ることができたのである（『黒田伝太氏回顧の記抄録』）。

山口は猪苗代城で土方歳三と再会した。敗軍の将の一人とはなったものの、土方は山口の生還をねぎらったことだろう。

中島登や島田魁の記録には、山口と土方は城中で会津藩の軍事方を交えて軍議を開いたとある。その結果、土方は城下への進路となる十六橋に向かったという。山口のように母成峠方面から逃走して会津城下へ走る隊士たちに、示唆と安堵を与えるのが目的だったとみられる。

土方はその後、十六橋を経て、滝沢峠に入った。同所にある本陣には折しも松平容保が城下から到着し、在陣していた。しかし翌二十三日には十六橋を越えた新政府軍が進攻、土方は旧京都守護職を警護する形で、戦闘に加わっている。

容保は再び城下へ走り、その後、土方は援軍を求めて米沢に向かう。だが、すでに新政府軍への降伏を決定していた米沢藩からは協力を得られぬまま、彼はやがて仙台へと進んでいった。以後土方は、さらなる北への戦いに進路を取る。

猪苗代城での訣別は、山口次郎と土方歳三との永訣でもあった。試衛場ゆかりの新選組創設者として、この時、戦場の会津に残ったのは、山口次郎ただ一人になったのである。

山口は、二十二日のうちに、猪苗代城から会津城下へ入った。城中で重臣たちにこれまでの経緯などを報告したと、中島登は記述する。

その夜、山口は会津藩に申し出て、総数二十四名の隊士や、十三名の歩兵と、城下の斎藤屋という宿屋に宿泊した。（括弧内に推定される名前を入れた）

隊長　山口次郎

軍目　安富某（才助）　同　島田某（魁）　同　久米部某（正親）

歩兵頭取　近藤隼雄　　小隊頭　近藤芳助
以下隊長付士官　大松某（大町綱太郎）　小方某（尾形俊太郎）　関口作蔵　中村清七　黒川佐吉
大砲方警衛　志村猪之助（武蔵）　白戸巴衛　（以下役職未記入）吉村芳太郎　甘味勝之助（天海勝之進）　田村一郎　吉田某（俊太郎）　三品次郎　木下藤吉（巌？）　河江某（河合弥三郎）　清水某（卯吉）　小畑某（小幡三郎）　立川主悦　池田常三郎（七三郎）　高田文次郎
歩兵　（中略）十三人のみ。
（『若松記草稿』）

京都以来の激戦を潜った隊士も少なくないが、同志と離れて母成峠から帰還した斎藤が、どの時点でこれらの隊士と再会していたのかは判然としない。

ちなみに小方某こと尾形俊太郎は、一時、副長助勤をも担った、新選組の文事面での重鎮だった。新選組の結成からまもなく京都で入隊していた尾形は、会津までは組と歩調をともにしたが、斎藤屋に宿泊してから三日後の二十五日に新選組を脱走している。その後は郷里の熊本で子弟に勉学を教えながら、大正二年（一九一三）に没した。

翌二十三日、新政府軍は滝沢峠を越えて、ついに会津城下への進攻を開始した。中島登によれば新選組は鶴ヶ城での籠城を試みたとあるが、結局山口らは会津若松の北方に位置する塩川に陣を敷くことになる。

塩川は、一時米沢を目指した土方の進行路にも当たっていた。この二十三日、土方はさらに北方に位置する檜原村で、滞陣中の大島圭介と会い「予が兵隊の周旋を頼む」との依頼をしている（『南柯紀行』）。

中島登の記録には、土方と山口との邂逅を伝える記述はない、新選組の今後を大鳥に託した土方が、塩川を通過したのは、残念ながら山口らが到着する前のことだったようだ。

大鳥圭介は数日後、塩川に着陣し、山口次郎と再会した。その時、このような会話が交わされたという。


新撰組は将軍山（母成峠）敗軍の後、死多く、山口次郎始め十四人残り、塩川に大鳥圭介逢会のとき、共に仙台行を論ずるに、山口次郎の曰く、吾弓会津来国諸力（の）戦より、遂に今、盟士多く戦死（し）僅か拾四人残る。さればこれら後（に）起こさん志あれども、ひとたび会津に来たりたれば、今落城せんとするを見て、志を捨て去る（は）誠義にあらずと……（『谷口四郎兵衛日記』）

新選組発足時からの会津藩への忠誠心は、この最大の局面において山口次郎に「志を捨て去る（は）誠義にあらず」との一語を発せさせた。あまた伝わる斎藤一（山口次郎）の言葉の中で、今日もっとも新選組ファンの心を揺さぶる一語となっている。

当時の新選組の生存者が十四名というのは、筆記した谷口の明らかな誤認である。先述したように谷口の日記には、母成峠での戦闘が起こる前にも、山口が仙台を視野に入れていたように示されているが、後日の行動から見て、この時点で、大鳥と山口が、それぞれ仙台行を論ずる可能性はないとの、菊地明氏の見解もある（「斎藤一の会津戦争」）。

その後、九月四日に山口次郎は隊士を率いて塩川南方の高久村《たかく》へ進軍する。この地に布陣していた旧幕府軍の衝鋒隊が、同日に出陣要請を受けて村を離れたため、後任として緊急に布陣したのである。

新選組側の記録には「九月四日、高久村にて戦争あい始まり、当隊より応援として一小隊繰り出す」（『中島登日記』）とあるように、総員による出動ではなかった。さらに中島は「味方二十余人」

と綴っている。これが山口が率いた総員数であった。

戦争が起こったのは五日のことである。すでに城下を包囲していた新政府軍は、この日、南方の高久村に進軍、村の南方に位置する如来堂に前日から布陣していた新選組も、猛攻を受ける。

激戦の報は、塩川に残った隊士たちに、総員が死亡したと錯覚させたらしい。

中島登が綴った『戦友姿絵』の山口次郎の項には、彼のイラストとともに、次の詞書がある。

山口二郎
行年二十七才

元徳川臣たり。故ありて京地に到り、新選組に加入し助勤役たりしが、撃剣を能くし、柔にして能く剛を制すの器あり。後会津に来て屢々《しばしば》戦功あるにより、昇任して終に隊長となり、辰九月四日如来堂と云う処の戦いに僅か十三人にて三百余の敵に取り囲まれ、四方に当て突撃血戦し、終に血路を得ず、長士枕を共にし、潔く討死す。天晴れ信勇の武夫也。嗟呼《ああ》惜しむべし。

殉難した同志を慰霊するこの画集に山口を描いた中島登は、如来堂の戦闘で、彼が死亡したことを露ほども疑ってはいなかった。

ここには「十三人」との人数が示されている。これが中島が、山口とともに高久村に出陣した新選組の隊士数としたものである。

八月二十二日に城下の斎藤屋に宿泊した新選組隊士は山口を含めて二十五名。あわせて多数の歩兵がいた。中島が『戦友姿絵』に示した十三人は新選組隊士で、『日記』に記した「味方二十余人」は、歩兵を加えた総員だったと思われる（菊地明「斎藤一の会津戦争」）。

山口がどういう基準で十二名の隊士を選抜したのかはわからない。

ただ、山口次郎（藤田五郎）からの伝聞を嫡子の藤田勉が口述した『藤田家の歴史』には、こんな一節がある。

ヒヂ方歳三ら、新選組の一部に会津藩のタイセイ救うべからず、仙台を経て榎本武揚らの函館の軍に至らんとする声ありしが、新選組が今日まで、会津の為スコゾル（ケンコ）をこうむりしを今日ふり捨てるに忍びずとして、多数と共に会津に止まる。

山口らが高久村へ出陣する以前に、塩川の隊士たちは、それぞれが選択する今後の進路を定めていたのかもしれない。すでに土方歳三は会津を離れていた。その先には米沢、さらに仙台がある。城下での戦闘は日毎に激しさを増していたが、未だ開城をしていない段階で、山口次郎には会津と訣別する視座はなかった。それが彼の会津への「誠義」でもあった。

山口に従い、高久村へ向かった十二名は、彼の意思に賛同する者たちだったのかもしれない。

山口はじめ総員は、結果的に会津での最後の戦いとなったこの戦争で、決死の思いで戦ったことだけは間違いないだろう。

新選組副長助勤、旧四番隊組頭・斎藤一の五年余にわたる戦いは終わった。そして彼は一時的に消息を絶つこととなる。

中島登は『戦友姿絵』に、山口のほかに七名が如来堂で戦死したと認識していた。それぞれのイラストを描き、如来堂での戦死を詞書に認めている。だが、実際の死者は、これを下回るものだったようだ。

そもそも山口の戦死についてが誤認だか、『戦友姿絵』には、ほかにも戊辰戦争を生還し、明治四十三年まで生存した粂部正親など、如来堂での戦死者として明らかに誤って掲載された人物も含まれる。粂部は、池田七三郎（稗田利八）らと如来堂を脱出後、水戸諸生隊士らに交わり水戸城攻撃に参加、その後、銚子で降伏した。

ちなみに粂部は維新後猪野忠敬と改名、陸軍に出仕し、明治十二年に天皇の命で写真を撮影された四千五百名あまりの公職人物の写真帖に、その肖像も残されている。

山口と別れ塩川に残った新選組は、その後仙台に向かい、土方歳三と合流した。

会津藩はおよそ一カ月にわたる籠城戦に力尽き、九月二十二日に降伏の白旗を掲げた。

蝦夷地へと渡航する前に土方は、隊士たちの進退をそれぞれの判断に任せた。相当数の隊士が仙台で戦旅を止めている。

その後、新選組には、桑名、唐津、備中松山の各藩士らが新たに加入した。旧幕府脱走軍に加わり、蝦夷地に渡航する藩主たちに随行するため、一部の藩士たちに、新選組に加わって、かの地へ渡航することが許されたのである。

文久三年に京都で発足した新選組は、まったく一変した組織となった。

やがて占拠した箱館五稜郭で、土方歳三は、旧幕府脱走軍の幕僚となり、新選組とはさらに距離を置いた。

そして土方は明治二年五月十一日、最前線の箱館一本木関門で、指揮を執っていた最中に戦死した。

箱館まで進軍した中島登らからの誤報によって、土方は猪苗代城で別れた山口次郎が、会津の地で戦死したことを確信したまま死んでいったことだろう。信念になっていたであろう「会津への誠義」を全うした斎藤一の生涯を、土方はどれほどに感じ入っていただろうか。

藤田時尾がみた戦争

当時の事を思い出ずるごとに、涙の袖を潤すを知らざるなり――

明治三十二年（一八九九）から翌年まで『報知新聞』に西郷隆盛を中心に置いて、幕末維新を綴ったノンフィクション「絵入通俗　西郷隆盛一代記」が、土曜付録という形で長期連載された。同紙編集長で作家としても知られる村井寛が企画し、記者の福良虎雄が綿密な取材と執筆を担当、幕末維新当時を知る人びとの回想も多数紹介されている。

実はこの連載は、意外なひとりの人物からも取材を行なっていた。藤田五郎の妻の時尾である。取材当時は五十三歳だった。

会津藩士高木小十郎の長女に生まれた時尾は、鶴ヶ城の大奥に出仕し、慶応四年（一八六八）の会津戦争の際、鶴が城の中で、激烈な籠城戦を体験した過去を持っていた。

時尾への取材が行なわれる前、「西郷隆盛一代記」の末尾に、二度にわたってこうした告知が掲載されている。

○本編未刊の材料を募集いたしたく、よってまず奥羽戦争（中略）に関する材料を有せらるる諸君は、この際ご恵送を仰ぎたく、また故老諸君にして、当時の実歴を有せらるる方々は、ご一報をたまわらば記者をして参堂せしめ、実歴を承り申すべく（中略）候間、この意をご推察ありて、ぞくぞくご投寄あらんことを乞う。

○今般西郷隆盛一代記（の）材料蒐集いたし候ところ、わずかに十日を出でざるに、恵送の材料百余通に上り、その実歴を談話せられたる者数名あり。種々新奇の事実を発見せしは、編者の深謝するところに御座候。（中略）時事なるべく記録に依らず、実地見聞の事実を報道ありたく、ことに会津籠城、婦女隊の烈績等については、なるべく精密の報道を煩わしたく候。（中略）実歴を存せらるる諸君は、この際ご一報をたまわりたく、また材料恵送の諸君へは、その種類により相応の報酬を進呈いたす。（中略）ぞくぞくご投寄あらんことを乞う。

連載をより詳細なものにするため、取材記者は会津戦争の体験者からの協力を募ったのである。初回の告知への反響がすさまじかったため、改めて、特に籠城戦と婦女隊（娘子軍《じょうしぐん》）を詳しく知る読者が求められた。

おそらく藤田時尾は、この告知に応じて名乗り出たのであろう。過去を封印したような夫を持つ時尾にとって、重大な決意のもとでの挙手だったはずである。だが、三十余年前に体験した修羅場を、埋もれさせるわけにはいかない。会津人としての矜持に基づいた行動だったに違いない。

会津城下には八月二十三日に新政府軍が進入し、猛攻撃が開始された。城中に籠もった者たちは、特に九月十四日から三日間にわたった鶴ヶ城への総攻撃に耐えつつも、二十二日に降伏した。体験者の時尾は、約一カ月に及ぶ修羅場を記者に語ったのである。

以下、連載では文語体で示された時尾のすべての談話を、意訳でご紹介したい。

○奥女中ら、看護をなす事

容保公の姉君照姫様は、奥女中を指図して、かいがいしく傷病者の看護をなされました。照姫様

は御身一つにさまざまの事を引き受けられ、

「女の力にて、できる限りは尽くさねば」

とおっしゃられ、女中たちを励まされました。女中たちも姫君のお心に感激し、一生懸命になって立ち働きました。

会津のお奥には、大殿容保様付きの女中、若君喜徳《のぶのり》様付きの女中、前の御台様付きの女中、照姫様付きの女中たちを合わせ、七八十名がおりました。

照姫様はこれらの女中をすべて監督されました。老女伊藤槙野という者を総取締とし、若年寄野村秋江、小室梅尾らに、これを補佐いたさせ、大野瀬山、野津みね尾、高木時尾の三女に、表方との交渉を引き受けさせました。

おそらく戦争の際にも、お奥と表方との区別は厳然としており、表方の者は自由に奥に入ることはできず、また、お奥の者は表方に出てこられなかったため、こうした交渉方のお役を設けたのでございましょう。

またお奥の取締は厳重で、戦争の際も奥女中に限り、ふだんのように髪を取り上げて、下げ髪にしたままの姿を崩しませんでした。落城になって初めて髪を結ったのです。

昼となく夜となく、大砲の玉はところを嫌わず城内へ落ちますけれども、私たちは大砲に慣れて、恐ろしいという心はありませんが、ただ、湯に入る時と厠に行く時とは、もしもこんなところで大砲に撃たれては死に恥をかくと思って、なんだか嫌な心持ちがしました。しかし籠城中、湯に入らないわけにも参りませんから、後には勇気を出して、湯にも入りました。

婦女子の心情というものはこういうものでございました。

すでに松平容保は、養子の喜徳に家督を譲っていた。また容保の妻はすでに没しており、御台としての勤めは、義姉にあたる照姫が担っていた。

時尾はかねて照姫の祐筆を勤めていたと伝わっているが、戦時編成で、二名の同僚とともに、表と大奥を繋ぐ交渉者の役割を与えられていた。これを伝える資料はほかにはみられない。

○「奥女中ら、看護をなす事」より

奥女中の一人である藤田時尾女は、今なお存命で、記者のために当時の実況を語ってくださいました。その中には、誠に哀れの話がたくさんございました。

時尾女の知人でもある戦士に、阪井某という者がおりました。病院で、戦場で受けた傷も全治したため、明日はいよいよ出陣しようとしたおり、

「垢のついた軍服で出陣するのは戦士の恥です。なんとかして新しい軍服を調達していただけないでしょうか」

と時尾女に頼みました。時尾女もその志に打たれ、一領の軍服を求めて整えたのです。

ところがその出陣の朝、阪井の部屋にやってきてみると、どこへ行ったのでしょう、阪井の姿が見えません。それればかりか、部屋の床が砲丸のために打ち抜かれています。不審に思った時尾女が同室にいた者に尋ねたところ、その人は床を指さして、

「阪井はこの下におります」

と答えたのです。時尾女が床下を見ると、無惨にも阪井は新しい軍服を着けたまま、砲弾に当たって床の下に埋まっていました。時尾女はこの光景を見て、いたく胸を打たれたそうです。

会津弔霊義会がまとめた『会津藩　明治戊辰殉難名簿』には、「白虎隊士　日向隊九月十五日城中（没）　坂井金左衛門伜　源太郎　十七（歳）」とある。白虎隊士の坂井源太郎は、当時二十三歳の時尾にとって、健気な弟のような少年だったことだろう。

調えてやった軍服を身に付けたまま、城内の自室で想像すらできないほどの無惨な最期を遂げた少年の姿に、時尾の衝撃と慟哭は、計り知れないものがあったに違いない。

○「奥女中ら、看護をなす事」より

また当時病院に収容されていた患者たちの中に、自殺をした者も少なくありませんでした。ある時、和田某という者の娘が、看護を勤める奥女中の詰所に、慌ただしく駆け込んでまいりました。

「たった今、お父さんが切腹しましたから来てください」

と訴えたのです。居合わせた女中たちは大変に驚きまして、さっそく時尾女がその娘に伴われて、和田が自殺をしたという部屋に駆けつけました。

部屋は行灯の光が薄暗く、中の見分けがつきません。そんな中、何やら暗がりの中に呻く者がありました。これが和田ではないだろうかと思った時尾女は、背後に廻って抱き起こそうといたしました。

その時でした。娘が慌ただしく声を上げ、

「あぶない、あぶない」

と叫んだのです。時尾女もハッと思って身を退きましたが、よくよく見ると、和田は短刀で腹を貫き、その刃先が五分ばかり背中のあたりに突き出ていました。

実に危ういところでした。暗がり紛れに抱き上げ、もし背中の刃先が我が身に触れたならば、とんでもないことになっておりましたと身を震わせました。

こうした危険なことも、その当時にはたびたびあったのでございます。


『会津藩　明治戊辰殉難名簿』には「百石　軍事奉行添役　九月十九日　三之丸　傷　廿一日城中（没）　和田大助　四十五（歳）」とある。直前の戦いで負傷した和田は、降伏開城の方針を知り、自刃したとみられる。

和田を介抱しようとした時尾にとっては、はからずも極めて危険な体験になったようだ。この段階で自死を選んだ中堅の藩士に、やりきれない思いを持ったことだろう。

○「幼少組と婦女隊の事」より
南摩弥三左衛門の弟・節も北出丸におりましたが、追手の戦いが急を告げるのを見て、太鼓門の方に向かおうとした時、敵弾が破裂して、節の腹に当たりました。帯びていた双刀は木端微塵になり、節はその場に倒れました。折しも、通りかかった砲兵隊長の大沼城之助が、千葉盛之進と、天守閣の下で少年が倒れたのを見て、駆け寄って抱き起こしました。

無惨なことに、少年は破裂丸のため脇腹をえぐり取られ、鮮血が淋漓としてあたりを染めておりました。しかし意識は確かで「南摩弥三左衛門の弟、節であります」と告げました。

大沼はその勇気を誉め、千葉とともに介抱しながら本丸の病院へ送りました。節は三日間病院で治療を受けましたが、ついに亡くなりました。

亡くなるまでの三日間、つねに戦さの事だけを言い続けた節の姿を見た看護の女子たちの中で、そのあまりのいじらしさに袖を濡らさぬ者はございませんでしたと、ご自身も節の看護にあたった藤田時尾女は、記者に語りました。

『会津藩　明治戊辰殉難名簿』はこの少年を「三百石　砲一番小原隊組頭　南摩弥三左衛門弟」で「九月中　城中（没）　十五（歳）」とする。兄の弥三左衛門も八月二十三日に負傷し、城中で没していた。これもまた、時尾の体験した健気な少年の死だった。

『報知新聞』の取材は、さらに時尾に降伏後の様子についても尋ねていた。

時尾は当初、照姫や容保父子らとともに城外の妙国寺で謹慎していた。だが、十月に入り、新政府軍から容保父子の東京への送致が伝えられたため、時尾は照姫に随行し、城下の民家、さらに七日町の旅籠の清水屋へ移っている。この清水屋は、宇都宮戦争で負傷した土方歳三が、療養のためにしばらく滞留したこともある旅籠だった。

妙国寺出立にあたり、時尾は松平容保と照姫との別れを目撃することになる。

○藤田時尾女の実話　照姫妙国寺を立ち退き賜う事

私たちは照姫様とご一緒に、妙国寺で謹慎しておりました。そんな中、十月十七日の夕暮れに官軍の隊長がやって来ました。

「ただいま東京の大総督府から、容保公と喜徳公のお二人を、急ぎ召し上らせるようにとのお沙汰があった。明朝早くに東京へお送りする事になるので、照姫様には、今夜中にここをお立ち退きになられるように」

との通達がございました。私たちはかねて覚悟していた事でしたが、あまりに火急の厳命に、どうしてよいかわからず、ただ打ち騒ぐばかりでございました。

照姫様も、これはたいそうご本意ではない事のように思われ、せめてお二方をお送りしてから、官軍のお言葉のまま、どこへなりとも立ち退きますと申され、これを嘆願いたしましたところ、官軍の隊長は、自分はかような大命は出せぬと、そのお申し出を却下したため、もはや是非なく、お二人に先だって夜中に立ち退かれることとなりました。

開城の後、今日まではお三方とも同じ場所で謹慎なさっておいででした。それぞれの朝夕のご機嫌もうかがうことができ、心強くお過ごしでしたが、明日からは別れ別れになられるかと思うと、お心細さはどれほどのものでございましょう。それも世の常のお別れであれば、またご再会の時を待たれることもおできになりましょうが、容保様は朝敵として護送せられるお体でございます。もし天の怒りが解けなければ、永のお別れになるやもしれません。今の時点で考えますと、その後、寛典がお下りになっておりますが、当時は、この先のことが何もわからない、当時の私どもの心配も、たいそう深いものでございました。

私どもは照姫様の仰せによりまして、忙しく立ち退きのお支度をいたしまして、上や下への大騒ぎでございましたが、官軍のほうもよほど忙しかったようで、本夕にお立ち退きの旨を伝えたのみで、その後の行き場所をお示しになりません。女中たちは、いったいどこへ立ち退くのか、心ここにない様子でございました。

そのうち、道中警護の兵士が参りまして、こちらの準備も整いましたが、場所はまだ示されません。ようやく夜半になって、大町の民家に移ることが決まり、私どもは照姫様にお付き添い、西国の兵士の警護を受けて、妙国寺を後にしました。

その際、容保様と喜徳様が玄関までお見送りに出られ、お名残りを惜しまれました。お二方はおっしゃるお言葉もなく、照姫様もお答えになるお言葉もございません。やがてお涙の中でお別れをお述べになりました。

お名残りがまだ尽きないうちに、警護の兵士は、早くご出立なされませと促します。照姫様もお涙を揮ってお乗物に乗られました。

容保様と喜徳様はお玄関に立たれ、しばらくお跡をお見送りになられました。この時のお三方のご心中はいかばかりにお苦しかったことでございましょう。今なお、お察しするに涙が溢れます。

こうして一同妙国寺を立ち退いて進んで行きますと、霜夜の月がこうこうと冴え渡りまして、辻辻には、官軍の兵士が篝火を炊いて警戒しております。月光や篝火が霜天に映り、凄然とした夜景でございます。私どもはこの光景を見て、ひとしお感慨を深くいたしまして、小さな胸も張り裂ける思いでございました。この夜の光景は深く心に秘め、封じました。今なお、忘れることはできません。

私どもは夜の霜を踏みながらとぼとぼ歩いて参りましたが、寒さは強く、混乱のあまり、その夜の夕餉をとる暇もございませんでした。官軍も、私どもに与える食べ物にまでは手が回りかねた様子。ひどく空腹を覚えまして、腰にしておりました道明寺糒《どうみょうじほしい》を口に入れ、なんとかしのぎ、大町の民家へは丑三つを過ぎる頃にやっと到着いたしました。

そのとき私どもとご一緒に大町に移ったお方の中には、容保様のお部屋様もいらっしゃいました。お部屋様はそのときご懐妊中のお体でございました。せめて身二つになるまで、お側にありたいと願っておいででしたが、火急の立ち退きだったためそれも叶わず、泣く泣くお別れを述べられて、妙国寺を立ち退かれたのは、たいそうお可哀想なことでございました。

長い回想談はここで終わっている。

時尾と大町に移った容保の側室は、のちに立藩され、会津藩士たちが強制的に配流される斗南《となみ》の藩主となる、容大《かたはる》（明治二年六月出生）を、身籠もったばかりの体だった。

崇拝する貴人たちの、辛く過酷な別離を見たこの一夜も、時尾には籠城中の日々とともに、忘れられないものとなった。深夜に目に入った月光や篝火の思い出は、辛苦に塗れた戊辰の日々の象徴として、ずっと心に残ったことだろう。

最後に時尾は、自分の思いを記者に語っている。原文のまま、ご紹介したい。

昔時《むかし》より物の本には、かかる例《ためし》あれども、今眼前《まのあたり》、この悲しみを見んとは、誰人も思い設けぬ事なり。あわれ亡国の婦人ほどはかなく、また情けなきものはあらじと、私らは感じたり。

三十余年を経たる今日なれども、当時の事を思い出ずるごとに、涙の袖を潤すを知らざるなり。

三十余年はおろか、私はこの世にあらん限り忘るるあたわざるは、このかなしみなり。

生を受けた会津のもろもろが、咆哮し、散華に到る最後の瞬間までを見届けた女性が、自ら希望した取材で、もっとも言っておきたかったことではなかったろうか。

生涯をともにした元新選組隊士の夫も、壮烈な敗戦を数多く体験した。しかし、彼は生還し、明治を生きた。

この取材で、時尾はきっと、三十年間抱えてきた大きな重荷を下ろしたに違いない。幕末維新の過去を語らなかった夫も、時尾の覚悟に謝意を伝えたことだろう。

近年、時尾とともに写った老境の藤田五郎の写真が発見され、多くの新選組ファンを感激させた。

初めてこの写真に接したとき、夫の横で控え目に椅子に座す時尾の肖像を、格別の感慨で眺めたことを、今でも忘れない。

VII　斎藤一の明治

東京の藤田五郎

只今新選組で残っておいでになりますのは…長倉新八というお方と…斎藤肇というお方で――

山口次郎は、会津藩の降伏とともに、新選組隊士としての歩みを止めた。

慶応四年（一八六八）八月二十二日の降伏後、恭順した会津兵は、猪苗代や塩川で謹慎となった。総数は五千名に上る。

翌明治二年（一八六九）一月三日、新政府は塩川謹慎の一千七百余名に越後高田藩への移動を命じた。

この塩川謹慎者の中に山口次郎がいた。彼は一ノ瀬伝八と変名し、会津での降伏者として越後高田へ送られたのである。

これに先がけ、藩主松平喜徳《のぶのり》と前藩主の容保は、重臣らとともに前年十月十九日に江戸へ送られた。当時、新政府軍負傷者の治療や手術のため、会津を訪れていた英国人医師のウイリアム・ウイリスは、城下の妙国寺で謹慎していた容保らが、江戸へ出立するのを目撃していた。翌年一月に認めた手紙に、その時の様子を綴っている。

城陥落の後捕虜になった会津侯父子と家老たちが収容されている寺院は若松郊外にあり、狭くて汚く、居心地の悪い場所である。私がたまたまそこを訪れた時、会津侯父子と家老たちは三百人の備前兵に守られて、江戸に向けて出発する所であった。（中略）

警備にあたっている者以外で、かつての領主の出発を見送る者は十人足らずであった。至るところで人々は冷淡で無関心な様子だった。近隣の畑で農作業に当たっている農民たちも、かつて名高かった会津侯の出発を見届けようとはしなかった。そして会津藩の武家階級以外の人々から、会津侯および侯に同行した側近たちに対する憐憫の情を聞き出すこともできなかった。

彼らは残酷で不必要な戦争の原因を作り、しかも敗北の瞬間に『はらきり』を実行することもできず、尊敬に値する資格を失ったというのが、一般的な意見なのである。

（『幕末維新を駆け抜けた英国人医師「甦るウィリアム・ウィリス文書」』）

過剰な表現ながら、ウイリスは降伏直後の会津の人びとの姿や声を伝えていた。

この土地に根差した前半生ではなかったが、北帰行のような進路で謹慎生活に向かおうとする一ノ瀬伝八こと山口次郎にも、心ない声は聞こえていたかもしれない。

山口には元新選組隊士の清水卯吉が、塩川から高田まで、付き随うかのように同行していた。おそらく如来堂の戦闘に出戦し、山口に従って敗走、以後も行動をともにしていたらしい。

高田以降の清水の消息は伝えられていないが、山口にとっては最後の組下の隊士となる。彼は清水の存在に、勇気づけられたことだろう。

明治三年一月、新政府は剝奪していた会津藩主家の家名再興を許し、陸奥北部、三戸と二戸の郡内に、三万石の封土を下賜した。斗南《となみ》藩の設立である。

この藩名には「北遷されてもいつかは南に帰る」という意味が内包されていた。

北限の荒地に、会津藩士らとともに一ノ瀬伝八は渡った。厳しい開墾生活の中で、やそという妻も得ている。しかし明治七年六月十日に彼は斗南を離れ、東京と改名されていた江戸へ向かう（伊藤哲也「高田謹慎から斗南在住まで」）。その後の、やその消息は判然としていないという。

新選組時代よりも、長い間隔を置いて帰ってきた生国は、かつての斎藤一をどのように迎えたろうか。やがて彼は、終生名乗ることとなる藤田五郎と改名する。そして生涯の伴侶となる会津藩士の娘、高木時尾を妻に迎えた。

藤田五郎が塩川を起点に、城下で壮絶な戦いを展開していた日々に、鶴ヶ城内で一カ月もの修羅場をくぐりぬけてきた新妻だった。

試衛場以来の盟友だった永倉新八は、近藤勇と決別後、新たに靖共隊を組織し、北関東を転戦していた。その後、会津を経て米沢に進んだが、戦期を逃し、七月に東京と改称されていた江戸に戻っていた。

いわば負け組の我が身を実感しながらも、永倉にはかつて脱藩した松前藩への帰参が許された。明治四年には松前に向かい、藩医の杉村家に婿入りした。その後は、杉村義衛を生涯の名前とする。

近藤勇の前での訣別後、戊辰の戦雲の中で杉村と藤田は、生きて再会することなど考えてもいなかったに違いない。しかし両者は、引き寄せられるように、前後して上京したのである。

杉村が松前から再上京したのは明治八年のことである。藤田が東京に入った翌年のことだった。

杉村はその後、取り憑かれたかのように一つの目的に奔走した。殉難した新選組の同志たちの慰霊墓を建てる事業である。

明治七年に新政府は、旧幕府軍の戦没者の祭祀を許可した。計画はこれを受けて開始されたのである。杉村にとって幸いだったのは旧幕府時代以来、新選組を支援し、理解を持っていた元将軍家侍医の松本良順（のちに帝国陸軍軍医総監）の協力と援助を得られたことだった。

近藤勇が新政府軍へ投降し処刑されるという、一大局面の前に、新選組から離脱したことは、杉村にとって終生の痛恨事になったことだろう。慰霊墓の建立以外にも、晩年までいくつもの新選組に関する記述や回想を残し続けたのも、自身の痛恨に対する、行き着くことのない回答のようなものだったのかもしれない。

杉村は建立事業のさなか、藤田にも声をかけていた。どこで接触の機会を持ったのか知る術はないが、明治八年に東京で、両者は再会していたのである。

町田市の小島資料館が所蔵する新選組慰霊墓関連の文書に「幹事　松本良順、同族方中倉、斎藤」との記録がある（「近藤・土方供養塔建立の真実」桜井孝三）。「中倉」と「斎藤」は永倉新八と斎藤一を指していると思われる。

上京以降、藤田五郎となったかつての斎藤一は、杉村の懇願に応え、旧名を用い、盟友の計画になにがしかの協力をしていたのだった。

藤田五郎はその後、警視局に出仕する。

入局から三カ月後に出された「明治十年五月五日改正　内務省警視局職員録」には、五百七十六名が掲載された「警部補」の四百七十番目に、

藤田五郎　東京府士族

との記載がある。

この直後、藤田は西南戦争の鎮圧軍の一員として、大分方面に出戦した。この戦争に際し、陸軍の派遣隊とは別個に、一万名近くの警察官が各地の戦場に動員されたのである。

藤田に数多くの恩恵を与えた旧会津藩士に山川浩がいた。藤田より一歳年少だが家老山川尚江の嫡子で、奏者番として松平容保に近侍、戊辰戦争時には大鳥圭介の率いる旧幕府軍に副総督として加わった。その後、新政府軍の包囲する鶴ヶ城に入り、家老を拝命、斗南藩権参事を経て、明治六年から陸軍に出仕していた。

山川の歌集「さくら山集」には、このような歌が載っている。

鹿児島征討の大令をかしこみて
薩摩人みよや東の丈夫かさけはく太刀のときかにふきか
のちの世にぬかれて高き功しをいまこそたてめ耳川の水

戊辰の戦いで一敗地に塗れていた会津出身者たちにとって、西南戦争は過去への雪辱戦と認識されていたのである。新選組の一員だった藤田五郎も、こうした思いは変わらぬものだったろう。

山川はまた、詞書を添えてこんな和歌も遺している。

藤田五郎の子をまうけたるに名をつけよといひけれは勉と書て遣しける
勉てふ名に背かすはやかてよに高く功のたゝさらめやは

斎藤の長男・勉が誕生したのは、明治九年のことだった。西南戦争の直前にあたる。山川がいかに、藤田に懇情を持っていたかが、詞書からも窺える。快く依頼に応えてくれた山川の温情に、藤田五郎はどれほど感激しただろうか。

「高」い「功」。山川が繰り返し自歌に詠み込み、二世に託して与えた文言を、藤田五郎は戦場での激闘によって、自ら実践したのである。

藤田が東京から海路出戦したのは、五月十八日のことだった。大分方面へ派遣された部隊で一小隊の半隊長として出動した藤田は、現竹田市の岡城址方面への攻略に加わった。

その後藤田は、七月十二日の深夜、森崎（現大分県佐伯市蒲江森崎浦）から、丸市尾《まるいちび》（現大分県佐伯市蒲江丸市尾浦）を経由して、三川内《みかわうち》（現宮崎県延岡市北浦町三川内）方面に進出した。半小隊を率いて本道を進んでいった藤田は、途中にある高床山《たかとこざん》で反乱軍と交戦中に、銃瘡を負ってしまう。

午前第三時、轟越《とどろきごえ》の兵、森崎より丸市尾に抵《いた》り、二番小隊を二分し、陸軍と兵を合列し、藤田五郎半小隊を率いて本道を進み（中略）先に本道の兵、福原山を越え、焼尾の賊塁を破り、かつ進みて、高床山を環《めぐ》り、賊兵を攻撃す。戦いまさに中《マ》め《マ》にして、二番小隊半隊長藤田五郎銃瘡を負い、今やこれに長たる者なし……。

（『豊後方面警視萩原隊戦闘実記』）

藤田の負傷後、兵士たちは突破してきた反乱軍の土塁に一時撤収したが、間道から進行してきた半小隊が高床山に攻め込んできたのを機会に、再び高床山に突入、ほどなく反乱軍は退却した。警視庁隊は勢いづき、さらに三川内口に反乱軍が築いていた要塞も、一気に制圧している。

ちなみに藤田が奮戦し、受傷した「高床山」について、明治以降の大分県地図を複数あたったが、表記そのものがみられず、確認がとれなかった。大分県と宮崎県の県境付近の山岳かと思われる。藤田の負傷の部位は、「右肋」だった（伊藤哲也『史料集成斎藤一』）。天満屋事件にも匹敵するような危機だったろう。

療養生活を送った後、藤田五郎は十月に凱旋帰京した。

雪辱の戦いは完遂こそできなかったが、藤田は、その後、勲章と七等の勲位も授かる。

かつての永倉新八と斎藤一の決定的な相違がここにあった。まがりなりにも藤田は、過去への雪辱に関わり、確かな結果を残せたのである。

戊辰戦線で新選組隊士としての決着も付けていた藤田五郎は、もう新選組当時の自分へ回帰することはなかった。戊辰の秋以降、藤田の立脚点は「会津」となっていたのである。さらに藤田は明治中期に、本籍地を東京から福島に改めている。

藤田五郎は杉村以外の旧新選組隊士とも、接触だけは持っていた。

明治二十三年、鳥居華村なる人物が、旧隊士の島田魁を取材し「近藤勇の事」と題した小文を雑誌『江戸会誌』に発表している。

鳥居はここに、かつての御陵衛士の面々を紹介し、中に「斎藤一　東京向柳原町三丁目に住し、なお存命」など、藤田と、三木三郎、新井忠雄、篠原泰之進のあわせて四名の旧御陵衛士の、健在と消息を伝えている。

島田魁が藤田の住まいの場所を「向柳原町三丁目」とした根拠は不明だが、最終的に藤田は、終の住処になる本郷区真砂町に居住した。

時代は降るが、明治三十九年には、元隊士の近藤芳助が、京都府議の高橋正意に宛てた手紙に、松前藩復帰後、杉村義衛と改め、両三度弊家に来たり。目下北海道にあり。元沖田（総司）等と同等の人なり。副長助勤の名あり。

永倉新八
六十八才

東京の人。目下藤田五郎と改め、互いに信書の交付せり。

斎藤一
六十才位

などと、藤田を含む六名の旧隊士と接触を持っていることを伝えている。

さらには昭和になって、子母沢寛の取材に答えて、元隊士の稗田利八（旧名池田七三郎）が、かつて藤田と会い、話を聴いていた旨を語っている。

さまざまに接点はあったものの、絶対数の少なさや、往時の活動や立場から、藤田や元隊士たちには、旧幕臣らのネットワークのようなものは作られなかった。ごく個人的な交流だけが残されていたのである。

ちなみに当時の大阪でも、元隊士の柳田三次郎が、箱館まで戦った元隊士の尾関雅次郎とみられる人物と、晩年まで非常に懇意な交流をしていたことが伝えられている（『南北堀江誌』）。

藤田五郎はその後、警視庁に勤務を続けたのち、明治二十四年に、東京高等師範学校附属の東京教育博物館の職員に転職した。同師範学校は当初、山川浩が学長を勤めていたが、藤田の奉職時は会津出身の俊秀高嶺秀夫が後任となっていた。

東京高等師範学校は旧幕時代に、幕府の官制学校だった昌平黌の跡地に建てられていた。藤田は、明治三十二年に退職するまで、この職場に勤めた。

明治三十年九月の「高等師範学校一覧」には「職員」の項目の末端に「雇員」として

東京教育博物館看守　藤田五郎　福島

という記載がある。

師範学校には「雇員」として「喇叭《ラッパ》手兼門衛」が二名登録されていることから、藤田五郎の職種は「看守」ではあるものの、事務一般なども担当したと思われる。

教育博物館は「国の内外を論ぜず、特に教育に必需の物品を蒐集、臚《ろ》陳《ちん》して、公衆の縦覧を許し、その智識を啓発し、及び教育家、学士輩をして捜討研究の便を得せしめ、もって世に被益あらむこと」(明治十四年「教育博物館案内」)との目的で設立され、明治二十二年七月に、東京高等師範学校の附属となった。

藤田の奉職時には、博物館は師範学校棟東側の、旧湯島聖堂に隣接して建てられていた。さらに聖堂の大聖殿に連なる廊下にも、陳列台が設けられ、展示品が並べられていた。

明治二十三年七月に定められた「来観規則」によると、

第五条　本館は毎日左の時限をもって開閉す。
三月より七月まで午前八時開、午後四時閉、八月午前七時開、正午十二時閉、九月午前　八時開、午後四時閉、十月より十二月まで午前九時開、午後四時閉。
第六条　本館は毎年十二月二十五日より一月五日までこれを閉ず。

とある。八年にも及ぶ藤田五郎の勤務は、この規則に沿って粛々と行なわれていったことだろう。教育博物館は、無料化される明治三十一年まで、金一銭の入場料を徴収していた。また同年には、年間で一万五千三百七十一名の入館者を数えている（『東京茗溪会雑誌』一九八号）。慣れぬ発券業務などにも藤田は尽力したらしく、在勤中には、複数回の精勤表彰も受けている。

東京高等師範学校の学校棟敷地と、女子師範学校敷地には、現在では東京医科歯科病院が建てられ、往時の姿はない。

しかし、藤田が勤務した教育博物館の敷地は、旧湯島聖堂とともに往時の形状を残している。彼が勤務していた当時の明治三十年に描かれた東京高等師範学校の敷地建物図を現況に照合すると、門から、博物館の陳列棚が設置されていた旧湯島聖堂中心部まで続く石畳や小さな石段が、当時のままに残されていることがわかる。

門の向かって左脇には、十二坪二号五尺の門衛詰所があった。さらに現在では駐車場となっている、斯文会館正面玄関の斜め前方付近に、二十一坪の博物館事務所棟があった。これらが藤田五郎の持ち場だった。

門を潜り、石畳を大きな孔子像に向かって直線に進んでいく。その右側の、今は会館棟の一部になっている場所に、かつて百六坪の教育博物館陳列場があった。

明治の世の八年間、かつての新選組屈指の剣士は、確かにこの石畳を毎日のように歩いていた。嵐のように過ぎていった幕末維新の日々を、この石畳の上で、静かに思い返すこともあったことだろう。

時に、慶応三年に天満屋で死守した紀州藩士三宅精一の嫡子で、教諭の三宅米吉とすれ違い、深く一礼することもあったろう。

その頃、藤田の身近に小さな異変があった。杉村義衛が近所に転居してきたのである。新選組慰霊墓建立後、北海道に戻っていた杉村は、樺戸集治監に四年余り奉職し、撃剣師範として看守たちに剣道を指南していた。その後、杉村は明治十九年頃に再び上京したのである。

当初は千住や浅草に居住し、藤田が教育博物館に出仕してからまもなく、小石川掃除町に移住した。その後杉村は明治三十二年まで、現白山通りに沿って、それぞれ間隔の近い地点に三度移り住んだ。最後に住んだ小石川指谷町《さすがや》が真砂町の藤田の家からもっとも離れるが、直線距離は二キロに満たない。

藤田は、おそらく折々に永倉と会っていたに違いない。

明治二十七年頃に、杉村が日清戦争への従軍を志し、山川浩に懇願を試みようとしたことがあった旨を、嫡子の杉村義太郎が証言している。背景には、藤田の西南戦争参戦からの触発があったのではないだろうか。

杉村の希望は叶わなかったという。雪辱戦の機会を失した杉村は、紙碑に向かって過去を紡ぎ続ける道を選択せざるを得なかったのだろう。

旧幕府関係者にとって、日清戦争への従軍は、きわめて大きな栄誉として受け入れられていた。明治二十八年十一月十日には、東京千駄ヶ谷の公爵徳川家達《いえさと》邸で、凱旋した旧幕臣家と静岡県出身の将校らを慰労する「歓迎会」と題した式典が催されている。

同会は榎本武揚を会長とし、当日のスタッフ表には衛生掛に高松凌雲、場内取締掛には人見寧《ねい》、伊庭想太郎といった、役名に相応する顔ぶれも並んでいる。

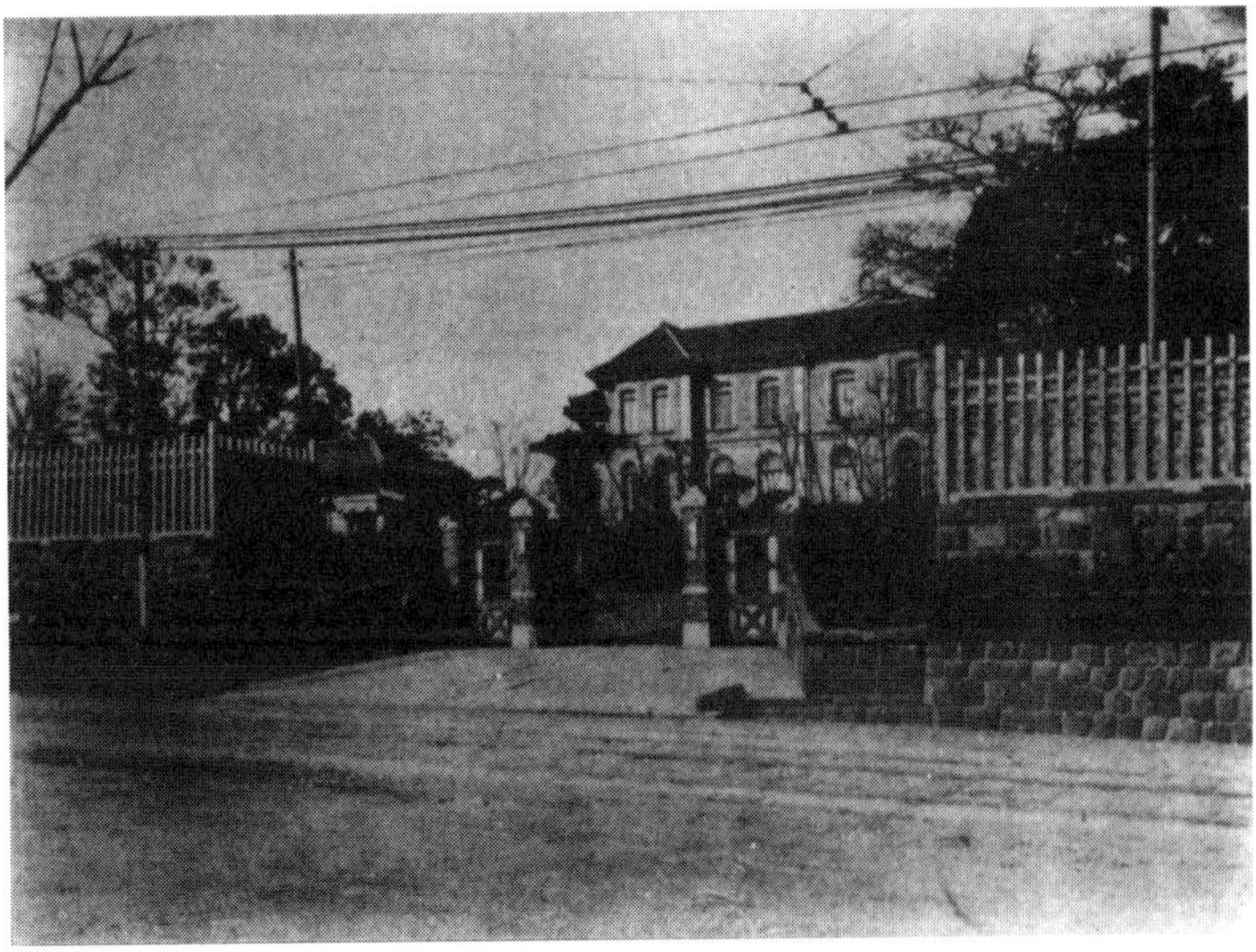

明治年代の東京高等師範学校 表門

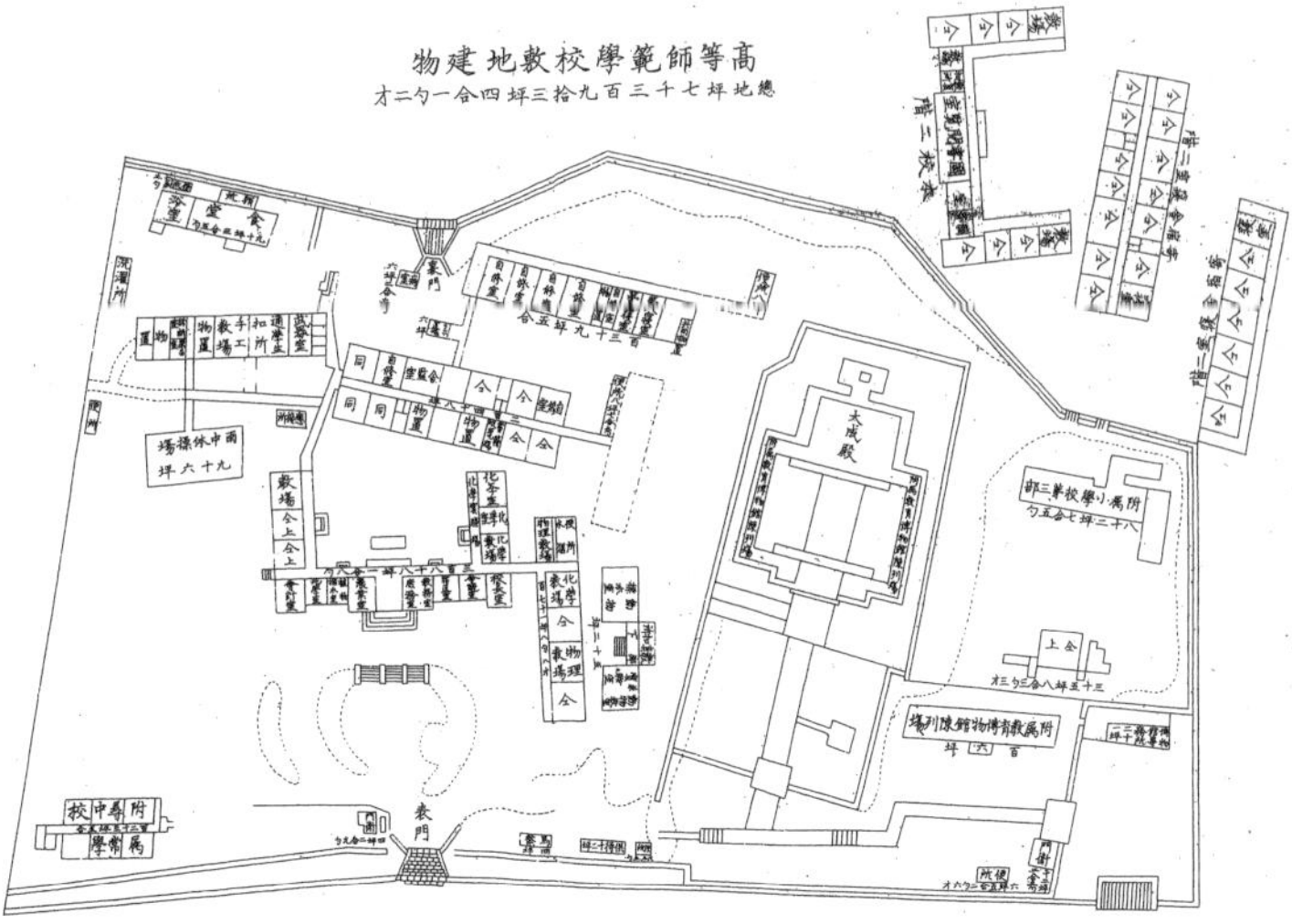

明治30年の同校敷地図（右側に東京教育博物館）

榎本会長、天ぷら屋台の前、こいつはうまいと余念なき時、（榎本を胴上げしようと）例の胴上げ少将（陸軍少将矢吹秀一。この日、凱旋者や来賓たちへの胴上げを率先して指揮したためこう呼ばれた）走り来たりて飛び付く。一刹那、会長体をひらりと反して却って少将を胴上げす。まさにこれ江戸っ子の捷業《はやわざ》。

（丸茂利恒『歓迎会報告書』）

出戦に固執した杉村義衛は、こうして報じられる記事を、どのような気持ちで読んだろうか。

そんなある日、杉村の家を当時の人気講釈師松林伯知《しょうりんはくち》が訪れている。幕末ものを得意とする伯知のネタ取材の一環だったが、彼はこのとき杉村から、藤田五郎の存在を知らされたようだ。

明治三十一年に伯知が演じた一席「新選組十勇士伝」には、

只今新選組で残っておいでになりますのは本願寺々中の大鼓堂に居る所の岡田氏《うじ》と東京小石川指ヶ谷町においでになる長倉《ママ》新八というお方と、夫《それ》から今一人は斎藤肇《ママ》というお方で今は名前は変って居ります。

とあり、旧名のまま、藤田は「岡田氏」こと京都在住の島田魁らとともに、健在を伝えられている。

「斎藤一の佩刀」の項でも紹介したが、伯知は、大正十四年三月二十日に『中央新聞』の連載講談「幕末血史新撰組」の第四席で、「（永倉新八）は非常な撃剣家で、維新後は警視庁の剣道師範役となり（中略）伯知《わたくし》はこのお方について、この新撰組の近藤勇という方の（中略）所は精しく伺っておきました」との証言を残している。杉村から自筆の『浪士文久報国記事』を貸与されたともいわれる伯知が、自ら杉村との接触を明言した、これはおそらく唯一の資料であろう。伯知は確かに杉村義衛に会い、そして彼を重要な取材源にしていたのである。

「幕末血史新撰組」は長期にわたる連載となり、さまざまな新選組のエピソードが、伯知の脚色を交えて語られていった。

時を経た回顧の中で、伯知は前述の第四席で紹介した杉村の経歴の中に、「警視庁」という、藤田五郎の過去の経歴を混在させていた。記憶の混乱ではあろうが、こうした部分に伯知と藤田五郎との接触も窺えるように思えてならない。しかし、もしも伯知が真砂町の自宅を杉村と連れだって訪ねてきたなら、予期せぬ訪問者は、藤田には迷惑この上なかったことだろう。

その後、杉村は東京を離れ、北海道に戻った。このあと藤田との直接的な接触はなかったようだ。

藤田は教育博物館を退職した後、ただちに東京女子師範学校に就職し、明治四十二年まで勤務した。東京女子師範学校は高等師範学校に西接して建てられていた。

かつて高等師範学校の学長だった高嶺秀夫が同校学長を務めており、さらには山川浩の姉の二葉が、明治十年以来、同校舎監の任にあった。

会津人脈の中、出仕する藤田の名は、「女子高等師範学校一覧」に「雇」の職員の一員として

庶務兼会計　勲七等　藤田五郎　福島　士（族）

と、西南戦争で得た勲位も添えて、晴れやかに記されている。

やがて長い公職を終え、藤田五郎は悠々自適となった。

しかし、唐突に、驚くような出来事が起きる。『東京毎日新聞』に明治四十三年十二月四日から翌

年三月九日まで九十四回にわたって連載されていた読物「剣俠実伝近藤勇」の、第三十回目（明治四十四年一月五日）に、こんな記事が載ったのである。

　お茶の水高等女子師範学校の職員斎藤五《ママ》郎氏は（近藤）勇の門人であって、新選組に加わった人であるが、同氏の語れるには……

藤田が語ったというのは、近藤勇の佩刀・長曽禰虎徹についてのエピソードだった。彼が古道具屋で買って近藤に譲った無銘の刀の切れ味が良かったため、近藤がこの無銘刀を独自に虎徹と鑑定し、愛用したという内容である。

かつての氏名は誤記されたものの、これは藤田の存命中に公表された、おそらく唯一の、本人の伝えた新選組時代の回想記録ともいえそうだ。

虎徹のエピソードについては真偽も不明で意外な感も否めないが、ここには、かつての藤田の勤務先情報も紹介されていた。

連載を執筆していたのは、ルポライターとしても定評のあった、フリー記者の鹿島桜巷だった。記事となった談話の主は藤田五郎だったとみられるが、直接取材だったようには思えない。藤田に接した第三者から得た又聞きとなる話を、鹿島が入手し、記事にしたのではないだろうか。

その人物こそ、松林伯知ではなかったろうか。実は「剣俠実伝近藤勇」が紙上に連載される前から、伯知は同じ『東京毎日新聞』に自作講談を連載していたのである。彼が鹿島の連載を読み、自分が直接藤田から得た情報を、提供した可能性は十分にある。

だが、皮肉なことに、この記事は反響を呼んでしまった。講釈師の玉田玉秀斎は、鹿島が紙上に発表した二カ月後、さっそく藤田の勤務先と実名とを反映させて、自作の講談に引用している。情報は一瞬にしてかけ巡るものである。かつての職場を通じて、藤田のもとにもさまざまな声が届いたことだろう。会津と深く繋がったのち、西南戦争への出戦を経て、新選組時代を封印した藤田五郎にとって、活字に残された唯一の回顧談は、予想できないほどの困惑を晩年に生じさせたことだろう。

本郷真砂町に死す

戦場統率の経験豊かな、眼光の鋭い人でありました――

藤田五郎が奉職した東京高等師範学校や東京女子師範学校で、学校長を歴任し、彼を支え続けたのが会津出身の高嶺秀夫だった。

嘉永七年（一八五四）に生まれた高嶺は、少年時代から俊才ぶりをうたわれた。会津戦争の後に、謹慎中だった藩主の松平喜徳《のぶのり》と養父の容保の助命嘆願のため、新政府軍の屯営に赴き、年少の身を顧みず、切々と意見を述べたとのエピソードも伝わる。

高嶺は「人に対しては寛裕にして、春風の穏和なるが如し。また極めて同情に深く、懇切至らざることなかりき」（『高嶺秀夫先生伝』）と伝わる、度量の深い人柄だった。十歳年上の藤田五郎にも、手厚い温情で接したのである。

俳人で斎藤一研究の第一人者だった赤間倭子《しづこ》さんによれば、高嶺は、藤田五郎の妻の時尾の実弟の盛之輔とは幕末時より親交があったという。

高嶺の娘で、元警視総監土田國保の母となった土田敬子氏から、赤間さんはこんな話を聞いている。

私が十歳位の頃に、よく藤田五郎さまは高嶺家（実家）にみえられていました。五郎さまは大変御酒《ごしゅ》がお好きで、おいでになるといつも御酒を差し上げていたのを覚えております。よくおいでになりましたが、どのようなことを父秀夫と話していたか、子供なので解かりません。私も五郎さまが新選組の斎藤一という方だなどと、少しも存じませんでしたし、伺ったとしても解かりませんと思います。父は知っていたと存じますが、今から考えてみると、やはり、五郎さまは武芸に秀でた、みるからにいかめしい感じのおじいさんというか、そんな感じでした。

（「新選組シリーズ（七）新選組をめぐる女たち」）

心許せる高嶺家で、藤田五郎は盃を傾けながら、秀夫と二人、遠い幕末維新を語り合ったのだろうか。

また、赤間さんは、藤田五郎の孫嫁の夏子氏から、このような話を取材している。

高嶺さまのお邸には、立派な倉があって、それも沢山あったらしく、そのなかに刀剣類美術品など、ぎっしり詰まっていまして、いつも錠が掛けられてありましたそうです。

お祖父さま（藤田五郎）だけはひとり勝手に出入りすることを許されていて、刀剣の鑑定や、手入れを頼まれていたそうです。

（「新選組シリーズ（五）新選組周辺」）

高嶺秀夫は美術に慧眼を持っていた。ことに浮世絵の鑑定に優れ、一大コレクターでもあった。激務の中、帝国博物館監査委員や東京美術学校長なども兼務している。

高嶺は明治四十三年（一九一〇）に五十七歳で没している。「その蒐集する所、肉筆掛幅は百二十余、版画は三千余枚に上りたり」（『高嶺秀夫先生伝』）という夥しい数の蒐集品の保全を、すべての公職から離れたあと、藤田は誠実に行っていたのだろう。

赤間さんは、高木盛之輔の六女で、藤田の義理の姪にあたる小林栃子氏からも、話を得ている。

五郎伯父はふさふさとした長い眉毛で、眼光はけいけいと鋭く光り、無口で、体の大きくみえる方でした。年に一回は必ず福島に墓参に帰り、父盛之輔のもとへは、よく泊りに来て、年中、二人してお酒を呑んでは、戊辰戦争の話をして、ヒフンコウガイしていました。親戚の男の子は皆、五郎伯父に剣道を教わりました。

（「新選組シリーズ（五）新選組周辺」）

妻の弟との一献は、場所が会津の地だったこともあり、藤田五郎に、より昔日の血をたぎらせることになったのだろう。

また、土田敬子氏は、赤間さんにこんな話を語っていた。

今でもよく覚えておりますが、丁度、今の文京区と（千代田区の）さかいになるあたりの春日町の停留所のそばに錦秋《きんしゆう》女学校というのがございまして、その女学校の横に、石段があって、その石段を上がったところに、時尾さまのお住まいがありました。

（「新選組シリーズ（七）新選組をめぐる女たち」）

藤田五郎は、上京後に都内で複数回の転居をしていることが、研究者の方々の調査によって判明している。

赤間さんが聞き取った貴重な談話は、昭和四十八年（一九七三）に、警察官向けの雑誌『自警』で発表された。だが、時尾さまのお住まい、すなわち藤田五郎にとって終《つい》の住処となった住居の跡地は、その後、まったく異なる場所が諸書に伝えられている。

当時の資料として伝えられている藤田家の位置は「本郷区真砂町三〇」である。「学校」と「石段」という言葉が錯覚を与えたようで、本郷四―一四の一角にあたる場所が、もっぱら家の跡地と、きまって紹介されている。

文京シビックセンター裏側の白山通りから春日通りの北側歩道を上ってゆき、小さな交差路に差しかかった左手が、その場所になる。

春日通り北側のこの位置は、確かにかつての真砂町三〇の域内にあり、近くに、石段と専門学校も存在している。

試みに藤田五郎が存命中の大正四年と、さらに下った昭和七年の真砂町一帯の地図を確認してみた。するとこれらの地図から意外な事実がわかったのである。

土田氏が伝えた錦秋女学校（高等女学校）は、春日通りの南側に建っていたのである。さらに真砂町三〇の区域は、春日通りの南側にも点在しており、錦秋女学校の東側にも何カ所かを確認できたのだった。明治三十年代に春日通りが真砂町三〇の区画内をつきぬける形に開かれたことで、こうした状況が生じたものである（『東京市本郷区全図』明治二十九年、明治四十一年）。

現地をたどってみたが、錦秋高等女学校は現在なくなっており、土田氏が歩いた「石段」も姿を消した。ポイントでの特定は難しくなっていたが、藤田五郎の家は、これまで跡地とされてきた場所から春日通りをはさんだ反対側の、土地の高低差が残る現在の本郷一―三五の一角にあったのは確かで

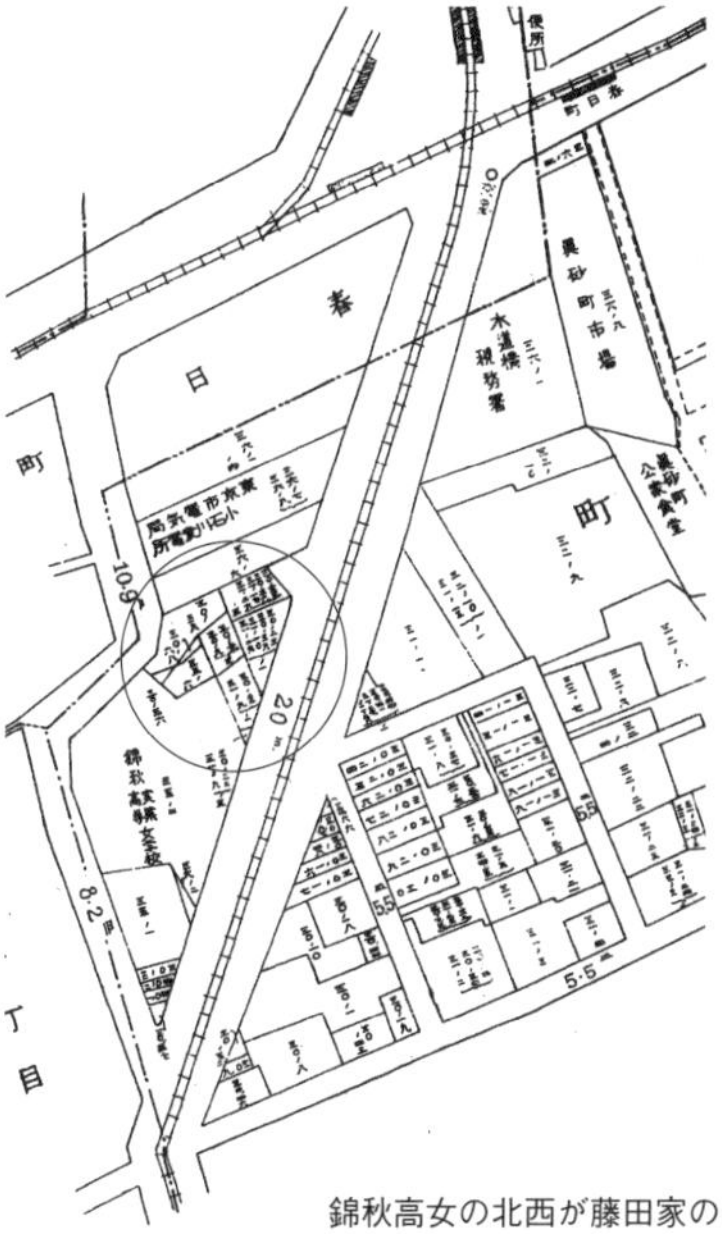

錦秋高等女学校側面。右下の坂道が藤田五郎家に通じると思われる。

錦秋高女の北西が藤田家のあった真砂町30番（円内）

真砂町30番地を春日通りが貫通する前の、明治30年代頃の地図（円内が藤田家の辺り）

ある。

ちなみに昭和七年に出版された『錦秋高等女学校長秋間為子女史の足跡』と題した書籍に、当時改築工事中だった同校校舎側面の全景写真が掲載されており、かすかに坂道とみられる側道が確認できる。これが、藤田五郎もたどった石段の道だったのかもしれない。

元会津藩家老の山川浩も、藤田五郎には生涯の恩人だった。

山川の嫡子戈登《ゴルドン》付の書生として、長く山川と接した今田勝與の子息の二郎氏が『会津史談』に発表した記録に、藤田五郎に関する一文がある。勝與からの聞き書きに基づいたものだった。

藤田五郎という人は新撰組で活躍した人ということですが、よく山川邸を訪れました。彼は会津の藤田家の養子となった人で、戦場統率の経験豊かな、眼光の鋭い人でありました。高等師範学校の事務をあつかっていました。時々休みの日に来ては、酒を飲み、気焔をあげていたものです。

「刀を抜いて戦う場合は、剣術の場合のようには構えずに、大上段にふりかざして進めば、敵はもう斃れているものだ」

といったりしました。また

「阿弥陀寺の会津戊辰戦死者之墓の傍に俺は骨を埋めるのだ」

とはいつも言っていました。子息の藤田勉氏は、会津若松の連隊に勤務していました。

（「父勝與の山川浩将軍に関する思い出」）

ともに戦場に立った敬愛する山川浩の前で、かつての斎藤一は微笑ましいほどに、捨て去った過去の自分に回帰し、気焔を上げていたのである。高木盛之輔との一献も、この昂揚と否応なく通じている。

山川は明治三十一年、高嶺秀夫もまた、壮年のうちに逝去した。敬愛し、心許せる年下の会津人は次々と間近から去っていった。

寂寥の思いは、晩年の藤田五郎の心をどれほど覆ったことだろう。

大正四年（一九一五）一月五日、杉村義衛こと永倉新八が北海道小樽で病没した。ともに時代を駆けた盟友の死は、おそらく藤田五郎の耳にも入っただろう。

新八に呼びかけられたのだろうか。この年の初夏から、藤田五郎は体調を崩していく。

赤間倭子さんが、『新選組隊士ノート』で、八月十日に、妻の時尾が三男の竜男に宛てた手紙を紹介している。

六月に胃潰瘍の診断を受けた藤田五郎の病勢を見据え、時尾は「国難の昔」を思いながら、健気に看病に勤しんでいた。竜男からは沢山の百合根が送られ、夫はこれを大喜びで食べていたと時尾は綴る。

大正四年九月二十八日、藤田五郎は真砂町の自宅で没した。赤間倭子さんによると、床の間で正座したまま、死去したという。

享年数え年七十二歳。一つの時代を疾駆した四番隊組頭は、試衛場で練磨した最後の新選組副長助勤として、東京に死んだ。

望みどおり、墓は会津若松市の阿弥陀寺にある。

あとがき

昭和五十五年（一九八〇）に雑誌『歴史読本』が、二百五十名の読者から、新選組で一番好きな隊士は誰かというアンケートを募ったことがある。一位は沖田総司（45パーセント）、二位は1パーセントの僅差で土方歳三という結果だった。そして個別の名前は紹介されなかったが、11パーセントの読者が「その他の隊士」を挙げている。

局長の近藤勇を含めたカリスマの三人からは、遠く離れた新選組の認知点に、かってその男はいた。そんな彼に魅了され、昭和四十年代から、長く調査や研究を続けた俳人の故赤間倭子さんの尽力を経て、その男、斎藤一は確かな地平に立った。以後、有志研究家の方々によって、現在にいたるまで、緻密な考証や資料発掘が継続されるとともに、斎藤一は文学、コミック、映像など幅広い分野で、破格の脚光を浴びていった。ある声優さんが演じたテレビアニメのアンケート結果で斎藤一が人気第一位であったとも聞く。

今や新選組と聞いて、早々に彼の名を思い浮かべる方は、決して少なくはないだろう。

本書では、最新の資料をもとに、京都新選組時代を中核に据えて、斎藤一の生涯と軌跡を追究した。手に取って下さった読者の方が、斎藤一という人物を新たに見出す端緒となれば、望外の喜びである。

なお、本書に引用した史料や古記録については、あて字や明らかな誤字などを、文意と内容を変え

ずに改めさせていただいた。また、永倉新八の、後年『新撰組顚末記』（ＫＡＤＯＫＡＷＡなど）と

してまとめられた著述については、『小樽新聞』に一九一一年に連載されたオリジナル「永倉新八

昔は近藤勇の友達　今は小樽に楽隠居」から直接引用した。

河出書房新社の西口徹さんには、平成十五年刊の『新選組決定録』にて執筆のお声をかけていただいて以来、『新選組と出会った人びと』、『新選組と刀』、『新選組最新夜話』、さらに令和二年刊の『新選組粛清録』にいたるまで、『文藝別冊』誌の特集を含めて、多年にわたり数々のご高配をたまわった。このたび新たに企画のご提案を下さり、本書執筆の機会をいただいたことに、心からの御礼を申し上げたい。

ありがとうございました。

二〇二二年初春

伊東成郎

主要参考文献（50音順）

（書籍・書籍掲載史資料）

『秋田県史　民俗工芸編』秋田県　1962
『維新戦争実歴談』維新戦没者五十年祭事務所編　維新戦没者五十年祭事務所　1917
『絵入通俗　西郷隆盛一代記』弦斎居士・竹亭主人編述　報知社　1898〜1900
『甲子戦争記』西村兼文　1864
『歓迎会報告書』丸茂利恒編　丸茂利恒　1896
『錦秋高等女学校長秋間為子女史の足跡』日統社編　日統社　1932
『近代日本の夜明け　伊予勤王史』秋山英一　近代日本の夜明け刊行会　1968
『勤皇史蹟行脚』貴司山治編　鶴書房　1944
『久保松太郎日記　復刻』一坂太郎・蔵本朋依編　マツノ書店　2004
『慶応四年御先触控にみる甲州道中の明治維新』古文書を探る会　揺籃社　2010
『ここまでわかった！新選組の謎』『歴史読本』編集部編　KADOKAWA　2015
『斎藤一　新選組最強の剣客』相川司　中央公論新社　2014
『佐藤彦五郎日記』（1・2）日野市　2005
『慶応元年御進発御用日記　19歳の長州出兵記録』日野の古文書を読む会研究部会解読編集　日野市郷土資料館　2013
『史料県令籠手田安定』鉅鹿敏子　丸ノ内出版　1985
『資料集成　斎藤一』伊藤哲也　歴史春秋出版　2021
『新撰京都叢書』9巻　新撰京都叢書刊行会編　臨川書店　1985
『新選組遺聞』子母沢寛　中央公論社　1977
『新選組覚え書』小野圭次郎他　新人物往来社　1972
『新選組　京都の日々』日野市立新選組のふるさと歴史館　日野市　2007
『新選組組長斎藤一』菊地明　PHP研究所　2011

『新選組最新夜話』伊東成郎　河出書房新社　2016
『新選組三番組長　斎藤一の生涯』菊地明編著　新人物往来社　2012
『新選組始末記』子母沢寛　中央公論社　1977
『新撰組始末記』西村兼文　1889
『新撰組十勇士伝』松林伯知　いろは書房　1898
『新選組・斎藤一の謎』赤間倭子　新人物往来社　1998
『新選組史料集』新人物往来社編　新人物往来社　1993
『新選組史料大全』菊地明・伊東成郎編　KADOKAWA　2014
『新選組隊士ノート』三十一人会編　新人物往来社　1975
『新選組隊士録』相川司　新紀元社　2011
『「新選組」展』図録　NHK　2004
『新選組と刀』伊東成郎　河出書房新社　2016
『新選組・永倉新八のすべて』新人物往来社編　新人物往来社　2004
『新選組　2245日の軌跡』伊東成郎　新潮社　2020
『新選組日誌』（上下）菊地明・伊東成郎・山村竜也編　KADOKAWA　2013
『新選組物語』子母沢寛　中央公論社　1977
『精神修養逸話の泉』（6巻）高島平三郎編　洛陽堂　1915
『閃光の新選組』伊東成郎　新人物往来社　2006
『続新選組史料集』新人物往来社編　新人物往来社　2006
『太陽小説』（第1編）博文館　1896
『高嶺秀夫先生伝』高嶺秀夫先生記念事業会編　培風館　1921
『男爵山川先生遺稿』山川健次郎　故山川男爵記念会　1937
『立花種恭の老中日記』立花種恭　三池郷土館　1981
『辻無外伝：無刀流居合』中川申一編　凌霜剣友会　1938
『東京高等師範学校一覧　明治30—32年』東京高等師範学校編　東京高等師範学校　1898
『東京市及接続郡部地籍地図』東京市区調査会　1912
『東京市本郷区地籍図』内山模型製図社編　内山模型製図社　1932
『十津川記事』中西孝則編　中西孝則　1892

『十津川郷士及亡命志士列伝』西田正俊　十津川郷士伝編纂所　1933
『鳥羽伏見戦七十年記念』京都防長会著　京都防長会　1937
『長井長義長崎日記　原本解読版』徳島大学薬学部長井長義資料委員会編　徳島大学薬学部長井長義資料委員会　2006
『中岡慎太郎全集』宮地佐一郎編　勁草書房　1991
『南紀徳川史』（第4冊）堀内信編輯　南紀徳川史刊行会　1931
『南北堀江誌』蒲田利郎編　南北堀江誌刊行会　1929
『伯爵田中青山』田中伯伝記刊行会編　田中伯伝記刊行会　1929
『幕末会津戦争写真集』菊地明・横田淳編　新人物往来社　2002
『幕末維新を駈け抜けた英国人医師　甦るウィリアム・ウィリス文書』鹿児島県歴史資料センター黎明館所蔵　大山瑞代（訳）　吉良芳恵（解説）　創泉堂出版　2003
『土方歳三日記』（上下）菊地明編著　筑摩書房　2011
『豊後方面警視萩原隊戦闘実記』大庭永成編　大庭永成　1878
『文明史略』（巻之五、六）西村兼文　寿泉堂　1876
『別冊歴史REAL　新選組10人の隊長』洋泉社
『戊辰殉難追悼録』財団法人会津弔霊義会　1987
『戊辰之役館林藩一番隊奥羽戦記』藤野近昌編　藤野近昌　1917
『町方書上　市谷町方書上』新宿近世文書研究会　2001
『宮崎県史　史料編』（近世4）宮崎県編　宮崎県　1995
『蘭学全盛時代と蘭疇の生涯』鈴木要吾　東京医事新誌局　1933
『浪士文久報国記事　新選組戦場日記』永倉新八　中経出版　2013

（雑誌・新聞掲載論文・史資料）
「江戸っ子気質」三田光剣『月刊 麗』189号　1981
「和宮降嫁から新撰組まで　京都の町人が見た幕末維新」猪上清子『新潮45』239号　2002
「剣俠実伝近藤勇」鹿島桜巷『東京毎日新聞』1910〜11
「殺人剣活人刀—人を斬った話—」流泉小史『大日』3〜8号　1931
「島原の今昔」『日出新聞』1911

「新選組シリーズ（5）新選組周辺」赤間倭子『自警』60巻8号　1978
「新選組シリーズ（7）新選組をめぐる女たち」赤間倭子『自警』60巻10号　1978
「噬臍録　蘭疇松本先生昔年医話（5）」松本順『中外医事新報』385号　1896
「父勝與の山川浩将軍に関する思い出」今田二郎『会津史談』56号　1982
「天満屋事件、もう一人の主役」伊東成郎『歴史街道』296号　2012
「永倉新八　昔は近藤勇の友達　今は小樽に楽隠居」杉村義衛『小樽新聞』1911
「幕末血史新撰組」松林柏知『中央新聞』1925
「幕末に於ける武士の風俗」塚原渋柿園『みつこしタイムス』8巻11号　1910
「百年の思ひ出ばなし対談会」田中光顕・棚橋絢子『婦人倶楽部』18巻1号　1937
「明治元年戊辰正月　京師討幕戦闘略記」籠谷真智子『史窓』45号　1988
「流行児近藤勇」梅谷松太郎（子母沢寛）『読売新聞』1925
「龍馬遺聞　武中與一郎翁」坂崎紫瀾『東京』13号　1904
「浪士組領袖池田徳太郎より江戸の諸隊長に贈りし手束」大館憲『上毛及上毛人』112号　1926
「わが人となりし家庭　少年時代の鍛練」松平恒雄『婦人の友』37巻4号　1943

＊本著は、書き下ろし作品です。

伊東成郎
（いとう・せいろう）

1957年、東京生まれ。新選組研究家。明治大学文学部史学地理学科卒。著書に『土方歳三の日記』『新選組決定録』（文庫タイトル『新選組 2245日の軌跡』）『新選組残日録』『新選組と出会った人びと』『新選組と刀』『新選組最新夜話』『新選組粛清録』などが、共編著に『新選組史料大全』『新選組日誌』（上下）『戊辰戦争全史』（上下）などがある。

斎藤一 京都新選組四番隊組頭

二〇二二年 三 月二〇日 初版印刷
二〇二二年 三 月三〇日 初版発行

著 者──伊東成郎
発行者──小野寺優
発行所──株式会社河出書房新社
〒一五一-〇〇五一
東京都渋谷区千駄ヶ谷二-三二-二
電 話──〇三-三四〇四-一二〇一〔営業〕
〇三-三四〇四-八六一一〔編集〕
https://www.kawade.co.jp/

組 版──株式会社ステラ
印 刷──モリモト印刷株式会社
製 本──小泉製本株式会社

落丁本・乱丁本はお取り替えいたします。

ISBN978-4-309-22852-5
Printed in Japan

伊東成郎・著

新選組粛清録

寄せ集め集団・新選組が組織たるには、
かくも苛烈な内部粛清を必要としたのか。
散っていった四十余人の姿と処分の実際を
史料に基づき追い、組が奉じた武士道とは
何だったのかを浮き彫りにする、
画期的な書き下ろし。

河出書房新社

文藝別冊

新選組〈増補新版〉

つねに注目を浴び、新資料発掘、
研究がさかんな新選組、
その全貌に迫る研究の最新版。
戦前の地元紙に連載された
甲陽鎮撫隊の戦争の実態や、
明治に起きた元隊士の大事件などの
新事実を増補。太宰治の小説も。

河出書房新社

文藝別冊

土方歳三〈増補新版〉

新選組の組織者

新選組結成150年を期して増補。
幕末の動乱期、国を思い、
武州三多摩のバラガキが、
誠の旗の下に燃焼した、
秋霜烈日の男子の本懐。
この10年の研究成果と、
村上一郎「土方歳三の兵法」
を増補した新装版。

河出書房新社